Dorit Kowitz
„Kommst du Freitag?"

Dorit Kowitz

„Kommst du Freitag?"

Mein wunderbares
Fernbeziehungsleben

HERDER

FREIBURG · BASEL · WIEN

© Verlag Herder GmbH, Freiburg im Breisgau 2011
Alle Rechte vorbehalten
www.herder.de

Satz: Layoutsatz Kendlinger
Herstellung: CPI Moravia Books, Pohorelice

Gedruckt auf umweltfreundlichem, chlorfrei gebleichtem Papier
Printed in Czech Republic

ISBN 978-3-451-30354-8

Inhalt

Intro

Es kann ein Tag im alten Jahrtausend gewesen sein oder schon einer im neuen, das weiß ich nicht mehr genau, nur, dass es ein schöner Tag war, warm und leicht und ausgeschlafen. Es war Sonnabend oder Sonntag, das ist sicher, weil es immer Sonnabend oder Sonntag war, wenn ich so mit Paul in Berlin auf dem Balkon sitzen konnte. Ich hatte mir Süßkirschen an die Ohren gehängt, er an seine frisch gewaschene Socken, was das erste intime Geständnis in diesem schonungslosen Bericht über unser außerordentliches und aufregendes Leben zwischen zwei Städten ist. Ein Leben, wie es jedes sechste Paar in Deutschland irgendwann führt; man braucht sich da nichts einzubilden. Nur, wir haben es zehn Jahre lang ausgehalten.

Wir machten zu den Kirschen beziehungsweise Socken seriöse Gesichter und erzählten Belangloses. Paul war nun bald 33 oder 34, ich Ende zwanzig, und an den Wochentagen und auch an vielen Wochenenden mussten wir todernste Dinge tun, zum Beispiel Ministerpräsidenten oder Serienmörder fragen, wann sie denn nun endlich aufhören wollten (ich), oder Köche, Kellner, Geschäftsführer und Lieferanten dabei beobachten, dass sie alles so tun, wie man es ihnen vorbestimmt hat, aber sich trotzdem Sorgen machen (er).

An diesem Tag, in etwa, muss es gewesen sein, dass Paul sagte, wir sollten es mal realistisch sehen: So gut, wie wir zusammenpassten und wie es doch liefe, würden wir wohl das Leben miteinander verbringen.

Ach, das war mal eine so schöne wie bestürzend aufrichtige Erkenntnis, nach sieben Jahren oder acht! Da lassen sich andere schon wieder scheiden. Aber wir fanden unser Eingeständnis, mit Kirschen und Socken an den Ohren, umwerfend. Von außen betrachtet war es vor allem nicht selbstverständlich. Denn wir hatten in all den Jahren noch nicht einen einzigen Tag zusammengewohnt.

Zwischen uns und dem Alltag lagen in jener Zeit 194 Kilometer, ohne Stau-Umfahrung. Einige Jahre zuvor waren es 439, von Leipzig nach Hamburg, einige Jahre später noch mal 396, wieder Hamburg, aber mit anderer Adresse und neuer Autobahn, zuletzt 198, wieder Leipzig – Berlin. Allerdings gab es da bereits unser Hideaway in Brandenburg, einen Bauernhof und die dritte Adresse in diesem kilometerfressenden Leben.

Wir verloren allmählich den Überblick, in welchem Haushalt noch mal genau das Waschmittel alle war. Oder war es Ingwer? Das Salz? Die Zeit?

Zehn Jahre lang hatten wir uns Woche für Woche auf Achse begeben, nur, um zusammen essen, schlafen und streiten zu können; um Freunde zu sehen oder eben nicht. Oder Eltern, Geschwister, Ausstellungen, Filme, den neuesten vietnamesischen Imbiss oder viereinhalbstündige Theatervorstellungen von Christoph Marthaler. (Ehrlich gesagt, Marthaler-Inszenierungen an der „Volksbühne" hielten wir nur bis zur Pause durch; man verwahrlost schon auch.)

Fiel das Wochenende aus, sahen wir uns erst das nächste wieder oder das übernächste. Und nach dem Urlaub an der See fuhr der eine nach Leipzig und die andere nach Hamburg, was nicht schön war.

Es hat genervt, was hat das genervt! Andererseits war es ein großes Glück. Denn ohne die Distanz wären wir mit an Sicherheit grenzender Wahrscheinlichkeit kein Paar geblieben. Und das wäre schade gewesen.

Absolute Beginner

Wenn man jung in zwei verschiedene Richtungen geht, ohne einander zu verlassen, hat das Vorteile, die sich zunächst als Nachteil tarnen. So meinen zum Beispiel viele um dich herum, deine Liebe löse sich binnen weniger Monate auf wie eine Sprudeltablette. Das heißt, sie denken das nicht bloß, sie sagen es dir. „Aus den Augen, aus dem Sinn", wurde mir einigermaßen plump in unserer Stammkneipe in Leipzig ins Ohr geraunt, nicht mal leise.

Paul war 28, ich knapp 24 und eine kleine, blonde, junge Frau ohne sonderliche Angst vorm Leben. So eine wird in der Fremde als potenzielles Wild gewähnt, nicht wehrlos, aber gerade darum zur Jagd geeignet, nicht unbedingt für bessere Männer, aber für andere. Zu schade für einen allein, sozusagen. Besonders Typen, die damals deutlich über vierzig waren, flüsterten mir, dass ich nur noch nicht wüsste, wie schnell das Neue reize. Ich nehme an, sie sprachen über sich.

Lothar, Thomas und Hubert und wie sie so hießen, hätten mit ihren vergifteten Weissagungen nichts Besseres tun können, um Paul und mich noch mehr zusammenzuschweißen. Denn ist die Entscheidung, die Stadt allein zu verlassen, erst einmal getroffen, weiß man es längst besser. Dein Geliebter lässt dich ziehen und beweist genau damit größtmögliche Zuneigung. Das ist nicht paradox. Das ist anziehend. Er weiß, dass er dich nicht haben kann, ohne deinen Ehrgeiz, deine Lust auf Veränderung, den Drang dich auszuprobieren. Bestenfalls will er dich genau darum haben.

Es schließt sich nämlich keineswegs aus, eine Frau ihr Ding machen zu lassen und trotzdem ein paar Tränen um sie zu vergießen, wenn sie mit ihrem roten, bis unters Dach vollgestopften beuligen Peugeot 205 die Weite sucht.

Oder, sagen wir, Hamburg.

Sie hatten mich an der Journalistenschule dort genommen, was so etwas ist wie für andere ein Stipendium in Oxford oder Freitickets für ein Fußball-WM-Finale unter deutscher Beteiligung: In Hamburg bekamen normalerweise Bewerber eine Chance, die vier Sprachen konnten oder in der Hirnforschung promoviert worden waren. Die Quote von Bewerbern zu Plätzen lag angeblich bei 3600 zu 36 oder so ähnlich. Ich konnte leidlich englisch lesen, gut ostdeutsch verstehen und die Leipziger Lokalzeitung mit garstigen Kulturkritiken vollschreiben. Der Platz war also für Studienabbrecher wie mich ein Lottogewinn.

Als zu Hause der Brief mit der Zusage ankam, saß ich in Istanbul in einem Hotel, allein. Ich war mit lauter ältlichen Reisejournalisten auf Promotionstour eines deutschen Luftfahrtunternehmens. In wenigen Minuten sollten wir zum Harem des Topkapi-Palasts gefahren werden, wo man uns Mozarts „Entführung aus dem Serail" vorsetzen würde, in zweitklassiger Besetzung. Meine Leipziger Zeitung hatte mir die Reise als Schmankerl zugedacht. Das Telefon auf meinem Zimmer klingelte, und der Rezeptionist verband mich mit „Your Mother". Mir stockte das Herz, ich dachte, es sei etwas passiert. Mama sagte aber nur: „Sie haben dich genommen." Ich war außer mir vor Freude, aber hatte niemanden um mich, den das interessieren könnte. Ich machte keine Becker-Faust oder Luftsprünge, eher kiekste ich kurz wie ein Meerschwein und strahlte die nächsten zwei Tage wie auf Droge, und niemand strahlte zurück.

Allein und weit weg zu sein von den wichtigsten Menschen in sehr wichtigen Momenten würde fortan mein Leben sein. Dies war der Vorgeschmack.

Als Paar sahen wir das enorm pragmatisch: Die Liebe bleibt uns ja, alles andere nicht. Paul und ich stellten uns darum nie die Frage, ob ich weggehen würde. Und weil wir jung und arglos waren, fragten wir auch nicht wirklich nach dem Wie. Das war ein Vorteil unserer Jugend, der sich nicht mal als Nachteil tarnte.

Bei meiner Freundin Milla erlebte ich wenig später, dass ein solches Verhalten unter paarungsreifen Großstädtern aber alles andere als selbstverständlich ist. Man glaubt nicht, wie schnell das Paradies der Liebe zum Schrebergarten schrumpfen kann, wenn einem zunächst aufgeklärt und großstädtisch wirkenden Mann die Karriere seiner Frau unheimlich wird. Von Milla und Carsten, von Helene und ihren wechselnden Mr. Bigs wird noch die Rede sein.

Zunächst aber schlitterten meine Mutter in ihrem Golf und ich in meinem sommerbereiften Kleinwagen bei schlechter Sicht und Glatteis gen Norden, ins Ungewisse. Es war ein hässlicher Januartag. Wir erkannten nichts durch den Eisnebel vor der Frontscheibe, nichts durch unsere mit Matratzen verstopften Hecks, entgingen dem einen oder anderen tödlichen Unfall und nahmen das als gutes Omen.

Paul war nicht mitgereist auf dieser Horrorfahrt, weil er keine Zeit hatte. Seine erste Kneipe war damals erst sechs Monate auf. Mir war es sehr recht, dass er zurückblieb. So konnten er und ich nach dem Abschied leise vor uns hinheulen und genau dann aufhören, als uns jeweils danach war. Bei mir auf der A9, in Höhe Tankstelle Fläming, nach 45 Minuten. Bei ihm vermutlich an der nächsten Ampel.

Dann begann ich mich zu freuen.

Die Alster war bei unserer Ankunft zugefroren und versuchte mit ihrer eisigen Schönheit Hamburg unwiderstehlich zu machen. Es gelang nur kurzfristig. Ich zog in eine WG, die mir nichts bedeutete. Mit 23 ist das noch okay, schon mit 28 macht man so etwas anders; jedenfalls wohnten meine künftigen Kolleginnen wesentlich hübscher. Sie hatten sich eingerichtet, ich hatte mich untergebracht. Ich signalisierte, vor allem mir: Hier bin ich nur auf Durchreise.

Im Durchreisemodus kann man seine Bleibe fliehen wie ein Agent, binnen Minuten und ohne Spuren zu hinterlassen. Das ist durchaus mal amüsant, aber nicht auf Dauer. Bei mir war es nicht mal amüsant.

Mein Zimmer in Eppendorf war zur Hälfte vollgestellt mit dem riesigen Esstisch des Wohnungsbesitzers, der seinerseits nach Chemnitz zur Arbeit pendelte und das Monstrum an den Wochenenden in die Küche trug, für seine Dinner. Darum fand ich meinen Computer jeden Montag auf dem Fußboden wieder. Gemütlich ist anders. Ging ich abends aus und nahm das Auto, bestrafte mich der Geist grüner hanseatischer Verkehrspolitik: Ich fand nachts nie einen Parkplatz in diesem entsetzlichen Einbahnstraßensystem, kam deshalb nicht vor zwei Uhr ins Bett und verfluchte morgens halb neun in der U-Bahn unfassbar müde und in großer Selbstgerechtigkeit die fremde Stadt. Schon damals war klar, dass es zwischen mir und Hamburg nicht funken würde; man sollte auf solche Zeichen achten. Ich würde sie ein paar Jahre später noch einmal ignorieren.

Tagsüber wurde ich Zeuge, wie sich angehende Journalisten in einer Schule binnen kürzester Zeit ins Pennälerstadium zurückentwickelten, auch wenn sie fast dreißig waren: Eine sich dünn hungernde Frau himmelte einen Referenten an, der eindeutig schwul war. Angehende Großreporter legten eine rutschgefährliche Schleimspur zur Schulleiterin, um die besseren Praktikaplätze zu ergattern. Und ein Lehrgangsteilnehmer sprach die ganze Zeit über so wenig und das so leise, dass man am Ende nicht wusste, ob der Mann wirklich existiert hatte.

Ich sah zu, dass ich im einzigen Raucherzimmer der Klasse landete und pflegte offenbar die Rolle einer notorischen Grantlerin, wie ich 18 Monate später dem Abschlusskompendium entnehmen konnte.

So eine Schulsituation in der Fremde mit lauter Erwachsenen mag sich ein besorgter Lebensmensch daheim ausmalen wie einen Ärztekongress oder eine Weiterbildung für Banker oder die „Internationale Tourismusbörse" in Berlin für Reisekaufleute – als Ausnahmesituation, nur dass diese nicht ein paar Tage oder Wochen dauert, sondern eineinhalb Jahre. Man landet in einer Art Camp, in dem alle hoch hinaus wollen, darum irre viel arbeiten und ihr Privatleben nicht mehr kennen.

Messen, Seminare und Kongresse bestimmter Berufsgruppen haben den Ruf, Pfuhle der Sünde zu sein; es wird da zur Seite gesprungen werden, dass die Schwarte kracht. Eine Journalistenschmiede voller Ehrgeizlingen, zumal in Hamburg, ist alles andere, nur das nicht. Zwar bilden sich dort mitunter Paare, aber die meinen es in der Regel gleich ernst, ziehen zusammen, bekommen ökologisch einwandfreie Kinder und wollen trotzdem im Job schnell ganz nach oben.

Ich war, ohne es mir einzugestehen, unter Gleichen. Mein Lebensmensch 439 Kilometer entfernt machte sich keine Sorgen, zu Recht.

Der kleine Unterschied

Die meisten hatten feste Freunde und Freundinnen, die irgendwo in Frankfurt, Bielefeld oder Halle hockten; manche wurden vorgestellt, andere nicht. Ich zeigte Paul nie vor, es ergab sich einfach nicht. Ich hatte umsonst zwei Matratzen aus Leipzig nach Hamburg gekarrt, denn er besuchte mich nicht in der Zeit der Ausbildung, und ich wollte ihn auch gar nicht dahaben. Seine Wohnung war sowieso viel schöner.

Schon im Laufe der kommenden zwei Jahre teilte ein Gutteil der vorgezeigten Partner nicht mehr das Leben mit meinen Mitschülern in Hamburg. Ich hätte mir nun Sorgen um meine eigenen Verhältnisse machen können, wollte ich aber nicht. Eifersucht mag eine mitunter nützliche Warnung sein, aber mit Mitte zwanzig und dem einhergehenden beträchtlichen Ego sah ich darin nichts als eine an den Nerven zehrende und nutzlose Beschäftigung. Ich hatte mir dieses Gefühl versagt und konnte mich mühelos daran halten.

Meine Freundin Helene, eine ansonsten sehr kluge und erfolgreiche Architektin, fragt mich bis heute dauernd, wie ich das anstelle. Einfach so, sage ich ihr jedes Mal. Sie glaubt mir nicht. Sie glaubt nicht, dass man sich so ein Gefühl verbieten kann. Sie behauptet, ich kennte Eifersucht gar nicht. Aber ich weiß nicht, ob das stimmt.

Dass in den anderen Beziehungskisten der Deckel zuklappte, lag ja nicht an der unglaublich amourösen Atmosphäre in der fremden Stadt; die erschloss sich zumindest mir nicht. Es lag auch nicht an der wenigen Zeit, die diese Paare nur noch miteinander verbringen konnten. Es war anders: Die Zurückgebliebenen warteten entweder auf die Davongezogenen, oder sie zogen ihnen hinterher, machten aber in der neuen Stadt keine vergleichbare Erfahrung. Die Partner, die bald keine mehr waren, hatten entweder einen sehr, sehr anständigen (ich traue mich nicht zu sagen, langweiligen) Beruf oder noch immer ihr endloses Studium an der Backe, während uns der verbissene Ehrgeiz, die Gruppendynamik und der Run auf den besten Job fortwährend formte und vermutlich auch: deformierte. Wir hatten einen Kick, die Ex-Partner hatten ihn nicht.

Die Erste aber, bei der mir klar wurde, wann Entfernung zur Trennung führen kann, war Milla. Milla kam nicht aus unserem Schöner-Schreiben-Camp am Hafen. Man hatte sie mir in der „Strandperle" vorgestellt, einer Freiluftbar an der Elbe, in der Hamburg versucht, lässig zu sein. Milla war groß, klug und explizit in ihrem Auftritt; sie hatte den beißenden Charme einer Katherine Hepburn. In Hamburg ließ sie sich zur Drehbuch-Autorin und Regisseurin ausbilden und mochte die Stadt so wenig wie ich.

Milla hatte an der Ruhr-Universität promoviert, in einem Buchverlag gearbeitet, und für Micha in Gelsenkirchen, einen seit elf Jahren angehenden Sozialpädagogen mit Zopf und Therapeuten-Stimme, war sie das Ein und Alles – bis sich Milla schockartig in Carsten verliebte, einen introvertierten, nicht unbedingt schönen Zeitungsreporter. Carsten, der dürre, hoch aufgeschossene Schlaks mit den tiefliegenden braunen Augen und dem schütteren Kopfflaum und Milla, die wikingerhafte Blondine mit der großen Intellektuellen-Klappe. Sein leiser Humor und seine, für Fremde allerdings gut verborgene, Weltläufigkeit hatten sie umgehauen.

Carsten löste Micha sozusagen folgerichtig ab, nach sieben Jahren Etwas, das sich als Harmonie ausgegeben hatte, aber womöglich nur noch Gewohnheit war. Ehe sie es sich versahen, klaffte zwischen Michas und Millas Lebensgefühl ein Abstand, weit und tief wie eine Schlucht. Und keine Brücke führte mehr darüber.

Die Entfernung zwischen den Aufenthaltsorten zweier Partner verursacht eine Trennung nicht, sie beschleunigt sie nur, wenn sie ohnehin im Raum steht. Anders als das Zusammenleben schärft die Distanz schnell und gnadenlos den Blick für einen zu großen Unterschied.

Insofern hatten Paul und ich nichts besser gemacht, wir hatten einfach den Vorteil, uns gleichzeitig in einer Metamorphose zu befinden. Wir waren unterwegs und nicht am Ziel, er mit seinen Kneipen, ich mit meiner Schreiberei. Man ist rücksichtslos in solchen Phasen und egoistisch, in einer gemeinsamen Wohnung führt das gern zu Anfeindungen. Die Gefahr liefen wir natürlich nicht.

Stattdessen war die Zeit ohne den anderen so wichtig wie die Zeit mit ihm kostbar. Ich arbeitete so viel und so lange, wie es mein Strebertum verlangte. Ich feierte, so lange und mit wem ich wollte. Und wenn es ging, floh ich meine trostlose WG und fuhr an den Wochenenden nach Leipzig. Dort traf ich auf einen Mann, der kein Jahr zuvor sein Jurastudium kurz vor dem Staatsexamen geschmissen hatte und jetzt seinen zweiten Laden plante, ein Café, anders, größer, auch: riskanter.

Da war niemand, der meiner harrte, sondern nur einer, der sich auf mich freute. Das ist ein Unterschied.

Die Zeit reichte kaum, um sich das Wichtigste zu erzählen. Und manchmal konnten doch Wochen vergehen, bis wir uns wiedersahen. Telefonieren hilft da natürlich. Das klingt profan, das ist profan, aber trotzdem so eine Sache. Erstens kann man sich durchs Telefon nicht küssen oder dem anderen einen Schuh an den Kopf schmeißen, wenn man es gerne möchte. Zweitens war Pflicht-Rapportieren nie unser Ding. Wir verabredeten darum keine Zeiten, obwohl es nötig gewesen wäre. Unsere Abstandsliebe begann in technologischer Steinzeit. Es gab noch keine Handys für jedermann, ein teurer Staatsmonopolist besaß die Festnetz-Alleinherrschaft, und Skype gehörte ins Reich der Science Fiction.

Eines Tages aber ertappten wir uns dabei, dass jedes Mal, wenn die Wetterkarte in der Tagesschau aufschien (denn wir schauten zu viel fern), er bei mir klingelte oder ich bei ihm. Wir änderten die Praxis auch nicht, als wir ein Jahr später Handys besaßen. Ich wollte lästern, ungeschützt mit ihm die Hamburger Bräsigkeit verhandeln, ehrlichen Rat einholen. Paul wollte den neuesten Behördenirrsinn abladen, sich über Umsätze und gelungene Partys freuen, sich über die neuen Härten seines Chefdaseins auslassen. Keine Ahnung mehr, wie viele Abende und Stunden wir allein über seinen ersten Rausschmiss eines seiner Mitarbeiter verhandelt hatten, inklusive Höreraufknallen. Er war dafür, ich war gegen die Kündigung und hätte am Ende vermutlich eine ganz passable DGB-Chefin abgegeben.

War aber einer von uns zur Telefonzeit nicht zu Hause, wurde niemals später am Abend nachgefragt oder gar morgens um sieben, wo man denn abgeblieben sei und was für ein Alibi man habe.

Meine Architektenfreundin Helene, die so smart, langbeinig und milchkakaobraun schön ist, dass man in ihrer Nähe schnell nach seinen inneren Werten sucht, handhabt das ein wenig anders. Und wie sie selbst weiß, nicht clever. Sie hat natürlich nie Mühe, sich ebenso wohlgestalte wie kluge Männer zuzulegen, oft in anderen Städten, das bringt ihr Beruf mit sich: London, Mallorca, Berlin – Helene lebt Auftrags-Jetset. Sie wird aber leider nervös, sobald ein halber Tag vergeht, ohne dass sie „seine" Stimme hört. Sie wird panisch, wenn dieser Zustand eineinhalb Tage anhält. Und seit es die SMS zum probaten Mittel für die erotische Kontaktaufnahme gebracht hat, ist das nicht besser geworden. Helene war die Erste in meinem Bekanntenkreis, die einen Blackberry besaß, und sie ist eine Meisterin darin geworden, binnen dreier Monate nahtlos vom verbalen Tändeln per Kurzbotschaft zum SMS-Vorspiel zum E-Mail-Sex zum „Wo-bist-Du-und-warum-hast-Du-Dich-heute-noch-nicht-gemeldet? IvD"-Notruf überzugehen.

„Ich vermisse Dich", gepusht aufs Smartphone – es kann ein Fluch sein. Die tollsten unter den tollen Männern sind so ein Vergissmeinnicht schnell leid.

Teuer kamen Helene zwei Spontanflüge nach Australien zu stehen. Ihr damaliger Lover, von seiner deutschen Firma nach Sydney abgeordnet, hatte sein Handy auf einem Segeltörn versenkt und danach zwei verabredete Skype-Sessions verschlafen. Weil sie vor Eifersucht nicht mehr geschäftsfähig war, hatte Helene den nächsten Flug ab Frankfurt gebucht, um ihn zu „überraschen". Als sie kam, lag er in seinem Bett, allein. Beim ersten Mal fand der Mann das süß, bei ihrem zweiten Anfall drei Monate später wurde er sauer. Da war sie mitten in seine Präsentation gestürzt; es ging um einen 500-Millionen-Dollar-Auftrag. Helene flog als Single wieder heim und fand sich tief im Dispo wieder.

Man kann zu ihrer Entschuldigung sagen, dass jede Fernbeziehung ab einer gewissen Distanz und einer ungewissen Dauer unhandlich wird. Sydney-Berlin gehört zweifellos in die Kategorie. London-Hamburg, wie Helene ebenfalls erfahren hat, ist mindestens kritisch.

Grundsätzlich aber ist die Sache einfach: Kontrolle bringt nicht mehr Nähe. Paul und ich hatten nicht „unser Lied", wir hatten unsere Zeit. 20.14 Uhr, Wetterkarte. Und wenn nicht, dann nicht. So blieb es bis in meine letzten hochschwangeren Tage als Pendlerin, zehn Jahre später. Notrufe, echte und sehnsüchtige, waren natürlich niemals verboten und letztlich sehr zahlreich.

Rituale, schöne und tückische

Als weibliches Wesen, das weit entfernt von seinem Lebensmenschen haust, ist es ja so: An den Wochentagen bist du täglich deine Kopie von Bridget Jones, frei zu tun und zu lassen, was dir gut tut oder auch nicht. Peinliche Fernsehsendungen gucken zum Beispiel, sich dabei die Beine epilieren und die Augenbrauen zupfen, und nachher darf das French Dressing ruhig auf deine ausgebeulte Sporthose tropfen, weil du den Salat gleich aus Schüssel schlingst und dir dabei die vom Zupfen roten Punkte auf deinen Beinen betrachtest. Ad-hoc-Dienstreisen ins Ausland oder endlose Abendveranstaltungen mit Provinzpolitikern stehen nie zur Abstimmung; Weiber-Kinoabende mit anschließendem übermäßigen Weingenuss bedürfen keiner Ansage; das auffrischende Interesse anderer Männer an dir wird nicht registriert und kommentiert; das nächtliche Schreiben an langen Reportagen nicht gestört durch die Frage: „Und was wollen wir heute Abend essen? Ich hab auf irgendetwas Appetit, weiß aber nicht, worauf."

Keiner will was, keiner fragt was, keiner sagt was.

Aber das Wochenende wird unwillkürlich zum Muss, zum Jour fixe, zur nicht selbstverständlichen Selbstverständlichkeit – und das bei einem Gastronomen und einer Politikredakteurin, das passt formal natürlich: null. An Wochenenden wird in einem Restaurant der meiste Umsatz erzielt, gehen gern zur Unzeit Eiswürfelmaschinen kaputt oder läuft im Keller des Cafés bestialisch stinkend der sogenannte Fettabscheider über. Da will die Mannschaft gelobt werden oder verschläft der beste Barkeeper seinen Dienstantritt, weil er verdammt noch mal jung ist und die Nacht zuvor in einem Club durchgemacht hat. Es kann dann durchaus ungünstig sein, wenn der Café-Besitzer mit seiner Freundin 198 Kilometer entfernt in Berlin adrett bildungsbürgerlich durchs Pergamonmuseum schlendert und das Handy ausgestellt hat. Hinterher: „Verpasste Anrufe – 7":

Das simpelste wie tückischste Ritual aber ist: dass das Wochenende dir und deinem Freund gehört. Das heißt nämlich, dass es anderen nicht gehört. Und dir allein sowieso nie. In den meisten Fällen geht das in Ordnung. In den meisten.

In meinem Job, ich war Korrespondentin einer Münchner Zeitung in Berlin geworden, war aber jedes vierte Wochenende ohnehin amputiert, und das meint nur die geplanten Sonntagsdienste. Hinzu kamen Parteitage, Wahlkämpfe, Neuwahlen, Verbrecherjagden, Politikerrücktritte, Hochwasserfluten oder Rechtsradikale, die zwischen Weihnachten und Neujahr beliebten, im hintersten Winkel Brandenburgs einen Ausländer zu Tode zu jagen. Da „muss" man nicht los, da will man los als Reporterin (meistens, jedenfalls). Bloß ist jede Zweisamkeit natürlich hin und die nächste Chance dazu in fünf Tagen, frühestens.

Wir fragten einander nicht: Wann kommst du Freitag?

Wir fragten: Kommst du Freitag?

Aus dem Katalog der Antworten:

„Vielleicht."

„Muss mal sehen, ob ich da nicht nach Dings fahre, um den Minister zu interviewen."

„Da ist doch der Parteitag."

„Wir bauen den Laden um, kannst gerne kommen, aber ich hab' echt wenig Zeit."

„Wir können doch nicht zur Party am Müggelsee, ich muss nach Frankfurt, diese Geiseln interviewen, die sie freigelassen haben."

„Na, nee, ich fahre doch zum 60. meiner Ma nach Bayern. Du kannst, wie gesagt, gern mit. Aber ..."

Anhänglich sollte man da nicht sein. Es ist schon so: Paare, die zusammenleben, fürchten einander im Alltag zu verschleißen. Paare, die nicht zusammenleben, sehnen sich nach Alltag. Sich danach zu sehnen, ist komfortabler, im Vorher-Nachher-Vergleich.

Sie schleichen sich schnell in so eine Liebe auf Abstand, die Gewohnheiten und Angewohnheiten, die stillschweigenden Vereinbarungen und unausgesprochenen Regeln, die Erwartungen und Zwänge. Sie werden ein unerschöpfliches Reservoir – auch für Glücksmomente, vor allem aber für Missverständnisse. Das ist nicht anders, als wenn man zusammenlebt. Es ist nur umständlicher. Drum muss man sich manches einfacher machen.

Zu unserem Glück mochten wir Berlin, beide. Ich hatte mich mit 25 Jahren gegen Anstellungen in Dresden und Hamburg entschieden und für die sich aufplusternde, werdende Hauptstadt. Ich arbeitete zuerst freiberuflich, die feste Stelle bei der Zeitung kam ein Jahr später hinzu.

Paul hatte ich gar nicht groß gefragt, ob ihm Berlin passt oder nicht. Es war nicht so, dass ich seine Meinung nicht hören wollte, im Gegenteil. Ich wusste, dass er wusste, Leipzig wäre für mich der falsche Ort zur falschen Zeit. Um meine Entscheidung zu bekräftigen, schenkte er mir zu Weihnachten ein Laptop, das seinerzeit so viel gekostet haben muss wie drei Monatsgewinne seiner Kneipe eingebracht hatten. Vor Steuern. Er stotterte es ab. Es war eine fette Liebeserklärung.

Eine Fern-Liebe funktioniert da genau wie eine Nah-Liebe: Man muss sich in ein paar wesentlichen Dingen einig sein. Bloß, was wesentlich ist, ändert sich fortwährend. Man kann darauf hoffen, dass „die Chemie" zwischen ihm und dir schon mitteilen wird, was gerade Sache ist. Allerdings können chemische Verbindungen auf Distanz flugs instabil werden.

Als Helene dreißig wurde, war sie verliebt in einen 29-jährigen Schriftsteller, der in Wien und England lebte. Er vergötterte sie. Er hatte ihren Geburtstag als James-Bond-Film mit Spielorten in ganz Berlin inszeniert, der Showdown in einer alten Fabrik-Halle uferte zu einer sagenhaften Party aus. Gegen drei Uhr morgens und nach gefühlten zehn Wodka Sour erzählte mir der Schriftsteller, dass er ungemein glücklich sei mit Helene. Genau wie er wolle sie am liebsten gleich Kinder, genau wie er träume sie von einem Cottage in Südengland.

So besoffen konnte ich gar nicht sein, als dass ich nicht sofort wusste, nichts davon kann stimmen. Helene wollte lieber gar keine Kinder als „jetzt schon eins, eher gehe ich ins Kloster als Babyärsche abzuwischen", lautete der O-Ton einer unserer letzten Weiberabende. Und Landhäuser waren ihr nur recht, solange sie anderen gehörten. Jedwede Besuche in Bauernhöfen, Rustikos und Cottages waren für sie illustre Trips in, wie sie fand, „realitätsverneinende Huschebubu-Welten" aus Terrakotta, Holzdielen, Lavendelbüschen, freigelegten Balken und Rasenaufsitzmähern. Sie dienten ihr als Beweis dafür, dass es überlebensnotwendig für sie ist, sich an große Städte, das Bauhaus und seine Jünger zu halten. Nur in postmodernen Hallen, möglichst aus Beton, glaubte Helene, könne sie atmen und existieren.

Ich vernahm Helene ein paar Tage später. Wie sich herausstellte, hatte weder sie den Schriftsteller belogen noch er sie. In ihrer Verliebtheit, der vermeintlich stimmenden „Chemie", hatten sie die Zeichen und Worte des anderen übersehen und überhört, übergangen und unterschlagen, die klaren Ansagen an den raren gemeinsamen Wochenenden gescheut. Weder hatte er je zu ihr gesagt: „Ich will ein Kind mit dir, jetzt", noch sie zu ihm: „Ich nicht, niemals."

Ein halbes Jahr lang probierten sie es noch miteinander. Dann war Schluss. Der Schriftsteller heiratete schnell eine große Blondine vom Fernsehen und das im eigenen Ferienanwesen in der Grafschaft Devon. Sie bekamen hurtig hintereinander zwei Kinder und werden glücklich sein bis an ihr ... Na, wer weiß. Der Agent des Schriftstellers verriet mir einmal, dass ihm eine Novelle des Mannes vorliegt, die er für undruckbar hält. Alles darin dreht sich um die Obsession und unerhörte Liebe zu einer milchkakaobraunen Schönheit, die Beton als Fetisch hat.

Eine Fernliebe verführt dazu, nur für den Augenblick zu leben, es einfach zu genießen, dass man sich sieht und etwas Schönes miteinander anstellt, um montags drauf wieder seiner Profession nachzugehen, ohne Last, ohne Verbindlichkeit. Eine Weile lang fühlt sich das toll an. Nach dieser Weile kann sich das ungemein hohl anfühlen. Man versteht erst nach und nach, dass sich auf Distanz zu lieben erst recht heißen kann, sich durch gemeinsame Träume zu binden. Man darf Lust haben, gemeinsame Pläne zu schmieden, trotz der Entfernung. Sie müssen ja nicht alle wahr werden, aber ein paar *können* dann überhaupt wahr werden.

Als ich mich für Berlin entschieden hatte (und gegen ein gemeinsames Pärchenleben mit Quiche Lorraine zum Abendbrot und gepflegtem Mittwochabendsex), freute Paul sich einfach. Berlin! Er liebäugelte fortan damit, auch herzuziehen, seine Geschäfte aus der Ferne zu steuern oder sie ganz zu verlagern. Ich träumte ein bisschen mit und ahnte immer, von Berufs wegen Skeptikerin, wie schwer das gehen würde, ein Café in Leipzig und eins in Berlin? Aber, wer weiß?

Das klingt großmäulig, so, als hätten wir jedes Wochenende die Sau rausgelassen und alles mitgenommen, was die aufstrebende Angeber-Stadt so hergab, jeden räudigen Club an der Spree, jedes neue In-Lokal an den Ausläufern der Friedrichstraße, jede halblegale Szeneparty. Ich war überhaupt nicht hip, kannte aber ein paar überengagierte Szenegänger, die uns gerne hie und da eingeschleust hätten; in der Redaktion häuften sich sowieso die Society-Einladungen der neuen Berliner Republik. Aber wir ließen lauter Gelegenheiten verstreichen. Es kam anders. Wir wurden plötzlich: häuslich, spießig, traut. Wir aßen so gut wie jeden Freitagabend in meiner Wohnung. Und ich fing allen Ernstes an, mir das Kochen beizubringen.

Der Drang dazu kam wie aus dem Nichts und fügte sich in diese beängstigende neue Melange meines Lebens, die aus sanierter Jugendstilwohnung, geleastem Golf-Neuwagen, polnischer Putzfrau und dem ersten „Boss"-Hosenanzug bestand. Ich war gerade 27 geworden und bekam ein beengendes Gefühl in der Brust. Würde das jetzt bis zur Rente so weitergehen? Um nicht zu glauben, „alles" bis ins letzte „geregelt" zu haben, verweigerte ich mich tollkühn, die mir zustehenden „vermögenswirksamen Leistungen" meines Arbeitgebers in Anspruch zu nehmen. Bis mir ein Kollege sagte: „Sei doch nicht blöd!" Das reichte, und schwups, hatte ich auch noch einen Bausparvertrag an der Backe. Ohmeingott! Das ist das Ende meiner Jugend! Bei lebendigem Leibe eingemauert von den Pfründen der Mittelschicht!

Später erklärte sich mir das Phänomen und noch später relativierte es sich durch neue Verwerfungen.

Eine Fernbeziehung und ein Beruf, der mit vielen Reisen und unregelmäßigen Arbeitszeiten weit jenseits der vierzig Stunden verbunden ist, können den ambitionierten Stadtmenschen mehr reduzieren und schneller verspießern als jedes kreditfinanzierte Fertigteilhaus auf 420 Quadratmetern Grund im Speckgürtel einer Großstadt. Man muss sich da nichts vormachen. Ob Helene, Milla oder ich – wir kochten, werkelten und räumten in unseren Berliner Wohnungen herum, als wären sie die Showrooms der Berliner Gesellschaft, in denen dauernd Partys und Empfänge gegeben würden.

Dabei verbrachten wir zu Hause vielleicht 25 Stunden pro Woche wach – und ich jedenfalls die meisten davon allein.

Ich bin mir sicher, ich würde bis heute keinen Herd anrühren, hätten Paul und ich all die Jahre schon zusammengelebt. Ich wäre eher geendet wie meine Freundinnen Yvette oder Gesa. Sie verfügen heute, mit vierzig, über sündhaft teure Designerküchen (Gesas für 26 000 Euro erstreckt sich auf satte neun – 9! – Quadratmeter), aber sie kochen darin: nie. Ich dagegen sägte und feilte mir damals, ohne Mann und unter Tränen der Anstrengung, ein schier tonnenschweres Buchenbrett aus dem Baumarkt als Arbeitsplatte zurecht, montierte eine 199-D-Mark-Spüle, die natürlich zunächst tropfte; ich besaß vom Vermieter den billigsten Herd, den man haben konnte, und kaufte ratlos ein Kochbuch, das den unsagbaren Titel „Brigitte Blitzrezepte" trug. („Jamie Oliver" käme natürlich lässiger, bloß war der Brite noch in der Ausbildung und längst kein Star der urbanen deutschen Pärchen-Cuisine.)

Den „Blitz" im Titel verdankte das Kochbuch dem Versprechen, kein Gericht brauche mehr als dreißig Minuten. Das senkte nicht nur die Hürden für Ahnungslose wie mich, mehr Zeit war gar nicht drin: Ich kam kaum vor 19 Uhr aus der Redaktion, erledigte nach einer 55-Stunden-Woche den Großeinkauf, und gegen 21 Uhr landete Paul aus Leipzig an. Es war anstrengend, und es war toll.

Der Freitagabend war oft der schönste Termin der Woche; er wird bis heute von uns verklärt. Andere reißen sich nach fünf oder zehn Tagen Abstinenz vielleicht die Kleider vom Leib und fallen übereinander her. Wir haben dagesessen und gequatscht. Wir hatten große Lust: uns anzusehen und zu reden. In meiner selbst zusammengebastelten Küche. Berlin war uns gerade gut genug, als Kulisse. Und irgendwann hat sogar das Essen geschmeckt.

Während der Woche ging ich jetzt oft mit Milla aus. Sie wohnte mittlerweile mit Carsten in Berlin, in einem Loft in Kreuzberg, und arbeitete in Potsdam-Babelsberg als Autorin für Seifenopern. Es war Perlen vor die Säue. Zu Hause schrieb sie Drehbücher für eigene Spielfilme, verschickte sie an einschlägige Firmen und wartete auf ihren Durchbruch. Die Arbeiten waren gut, Carsten wusste das, er lobte sie nicht. Er hatte nicht nach Berlin gewollt und trug seine Aversion gegenüber der Stadt wie eine Monstranz vor sich her. Dabei lief seine neue PR-Firma unanständig gut.

Manchmal wenn wir uns verabredet hatten, kam Carsten mit. Er saß im Restaurant und sagte nichts, während wir Frauen uns die Welt untertan machten, über Macho-Chefredakteure und politischen Wahnsinnigkeiten herzogen, über schlechtes Kino und übel riechende ARD-Produzenten.

Ich kam mir schwatzhaft und unzulänglich vor in Carstens schweigender Gegenwart. Ich verstand nicht, was Milla an ihm fand. Irgendwas an ihm machte sie aber glücklich. Womöglich hatten sie kosmischen Sex. Und sie mochten Theater, beide. Oder es waren die Reisen. Sie fuhren viel und kompromisslos durch die Welt, nach Laos und Argentinien, nach Feuerland und zurück, vielleicht war es das.

Eines Abends, nach zwei Jahren in Berlin, trafen wir uns ohne ihn. Ihr Gesicht war aschfahl, ihre blonden Locken hingen stumpf. Sie war wortkarg und ließ die Steinpilzravioli unseres Stammitalieners liegen. Vier schlechte Zeichen.

„Na, sag schon. Ich sehe es dir sowieso an."

Milla hatte ein großartiges Angebot aus Köln. Eine Filmproduktionsfirma wollte sie haben, als Drehbuch-Redakteurin, mit der Option auf eigene Filme. Es war genau das, wovon sie träumte. Es war genau das, wovon Carsten albträumte. Darum hatte er das Sprechen eingestellt. „Grauenhaft. Es ist grauenhaft", sagte Milla. Sie litt.

Das Angebot stand seit drei Wochen. Seit drei Wochen schwieg er. Es gab etwas zu bereden, etwas großes, dringendes. Aber Carsten redete einfach nicht mit ihr, nicht über Köln, nicht über ihren Traum, diese Veränderung, die er als Bedrohung empfand. Er sagte weder geh' noch bleib'.

Er schwieg.

Ich hätte Milla am liebsten befohlen, sie solle ihn verlassen. Es war nicht das erste Mal, dass er sie hängen ließ, wenn es um mehr ging als das Aussuchen eines Reiseziels oder die neue Farbe des Esszimmers. Aber ab einem gewissen Stadium des Erwachsenenlebens wird es heikel, solche Ratschläge zu geben. Sie können anmaßend und ungerecht sein. Milla war 32. Sie wollte Kinder, nicht gleich, aber irgendwann. Und sie war darum aschfahl, weil sie Carsten trotz allem liebte.

Milla ging nicht nach Köln. Am Ende stimmte das Geld irgendwie nicht, und einer der Vorstände dort baggerte sie an. Sagte sie. Vielleicht hatte sie das aber nur so deuten wollen. Um sich gegen ihre große Chance entscheiden zu können, und das vermeintlich allein. Zurück blieb ihr ein Splitter im Herzen.

Ist es leichter, nie zusammengelebt zu haben, bevor eine Fernbeziehung beginnt? Verringert das die Wahrscheinlichkeit zu scheitern? Unser Exempel spricht dafür, und Millas zunächst gescheitertes scheint es zu bestätigen. Helene dagegen unterläuft die These mit ihrer fortwährenden Eifersucht und Verlassensangst; ein Jahr und acht Monate Hamburg-Berlin ist immer noch ihr Allzeitbeziehungsrekord. Und mein Freund Ralf, nach 15 Jahren mit Bettina und zwei Kindern gemeinsam in einer Wohnung, ist erst seit drei Jahren Wochenend-Mann und widerlegt erfolgreich die Annahme. Judy hatte sogar sechs Jahre Berlin-Hamburg durchgehalten, nach der ersten gemeinsamen Zeit wildverliebten Hausens in der

Schönhauser Allee mit Tom. Ihr Ende als Paar kam am Ende auch nicht vom ewigen Hin-und-Her, sondern vom Brüderchen-Schwesterchen-Syndrom, viel Freundschaft, kein Sexappeal mehr.

Rituale mögen tückisch sein, aber sie sind nötig. Man muss sich sehen können, sich riechen können, man muss reden, man muss sagen können, bleib, wenn der andere bleiben soll – und die Konsequenzen tragen, wenn man ihn nicht halten kann. Schweigen aber ist sehr, sehr ungünstig.

Reisen am Rande des Wahnsinns

„Die aktuellen Verkehrsmeldungen mit Staus ab fünf Kilometern Länge: ... A 9, zwischen Niemegk und Klein Marzehns acht Kilometer Stau nach einer Vollsperrung. Letzte freie Ausfahrt ...", liegt lange hinter mir. Stillstand.

Es gibt drei logistische Fehler, die Fern-Liebende machen können: Sie können lange Strecken mit dem Auto zurücklegen, sie können lange Strecken mit dem Zug zurücklegen, oder sie fliegen. Das Blöde ist, einen der Fehler muss man begehen, um den anderen zu sehen.

Nach einer gewissen Lebenszeit auf Achse ist eine Vollsperrung, von der man aus dem Radio bereits erfährt, während man in dem daraus resultierenden Stau steht, beinahe eine Wohltat. Man weiß zwar nicht, wie lange sie dauert. Aber man weiß jetzt, woran man ist. Man weiß, man hätte doch vorhin pinkeln gehen sollen. Man weiß, dass es jetzt echt schlecht ist, dass die Nadel der Tankanzeige in den roten Bereich pendelt. Man hätte die schöne, von Jule gebrannte Johnny-Cash-CD mit den gecoverten Songs mitnehmen und das Handy noch mal aufladen sollen. Aber für den einen Anruf wird es noch reichen, in dem die entscheidende Ansage fällt: „Scheiße, ich stehe im Stau. Vollsperrung! Keine Ahnung, wie lange das dauert, eben sind die mit dem Krankenwagen erst hier durch. Nee, ich kann die Stelle nicht sehen. Mein Handy ist übrigens fast leer. Was? Na ja. Ja, danke, ich tue mir auch leid. Fangt schon mal ohne mich an."

Zu essen, zu feiern, Spaß zu haben, *what ever*. Für dich in der Blechkiste und für ihn zu Hause verkürzt sich: ab jetzt! die gemeinsame Lebenszeit um Minuten, um Stunden, und wenn es hart kommt, um Nächte.

Um das zu vermeiden, wird man unvernünftig.

Ein Januar. Ein Freitag. 18.40 Uhr. Finster. Der Schnee kreist in dicken schweren Flocken wie ein Strudel in dein Scheinwerferlicht und auf deine Frontscheibe zu. Jede Flocke gleißt weiß in der Nacht. Der Schnee spielt mit dir Schlange Kaa aus dem Dschungelbuch, „Hör auf mich, glaube mir, Augen zu." Psychedelisch. Ein Trip ohne Drogen. Du bist müde, so müde. Und auf Schlafentzug. Das letzte Wochenende durchgearbeitet, und fünfzig Arbeitsstunden der neuen Woche liegen hinter dir, der Streit mit dem eitlen Großreporter als krönenden Abschluss.

Ein Belag aus nassem Schnee legt sich auf die frostkalte A 24 und wird festgefahren. Er wird glatt. Du reduzierst deine Geschwindigkeit, ohne zu bremsen. Ein Trucker beschwert sich mit dröhnender Fanfare und zieht in letzter Sekunde an dir vorbei. Du zuckst. Geräusche wie aus einem Roadmovie, du bist das Opfer einer Hatz und kurz ungemein wach. Angst-Adrenalin. Und kein Airbag, denn das Auto ist alt und war billig. Noch zweieinhalb Stunden Fahrt, bei normalen Verhältnissen wären es jedenfalls zweieinhalb. Die Reifen sind schlecht. Schnee, so viel Schnee. Man sieht die Straße vor Flocken nicht. Und warum musste ausgerechnet die olle Janis-Joplin-CD im Auto liegen bleiben? „Oh Lord won`t you buy me a Mercedes Benz ..."

„Best off"? Fuck off! Warum läuft auf „Radio Eins" ausgerechnet elektronische Musik, in Herrgottsnamen? Ich hasse House! Warum sind die Kommentare auf Deutschlandfunk so grottenschlecht? Und jetzt noch „Hintergrund Politik: Aserbaidschan"? Aserbaidschan! Die wollen, dass ich einschlafe! Kaffee wäre gut, was wäre Kaffee gut! Aber die nächste Tanke kommt erst in 36 Kilometern, und die müssen noch überlebt werden. Auf der Suche nach Verkehrsmeldungen drängelt sich ein Oldie-Sender in den Äther, Neil Young wimmert „Helpless, helpless, helpless!" Ich möchte weinen.

Es wäre an manchen dieser Abende auf den Autobahnen zwischen Hamburg, Berlin und Leipzig gut gewesen, abzufahren und in ein Motel einzuchecken. Es hätte Falten gespart und Stresshormone und die Sorgen des Angebeteten zu Hause. Allein, wir taten es immer wieder. Man biss sich durch, kam an, irgendwie. Blass, gerädert, um Jahre gealtert und Stunden später, als man wollte, aber man war: da. Am Leben. Sich klammernd an den Gedanken, durch gemeinsames Aufwachen belohnt zu werden. Dafür seine leibliche Unversehrtheit zu riskieren, war freilich großer Unsinn.

Neben der lebensgefährlichen Komponente des Zueinanderreisens gibt es die demütigende. Für Reisende der Deutschen Bahn AG und der Lufthansa ist Demütigung im Preis inbegriffen und als Zusatzleistung nicht abwählbar.

Ein April. Ein Freitag. 19.40 Uhr. Dunkel. Zurück von einer Dienstreise aus Kroatien kreist du auf Sitz 12 C hoch über Frankfurt in der Warteschleife. Und kreist und kreist. Der Anschlussflug nach Berlin war mal bequem gewesen, fast zwei Stunden, um umzusteigen. Jetzt zählst du die Minuten rückwärts, Countdown. Du versuchst dich NICHT AUFZUREGEN! Sich nicht aufzuregen, ist aber nicht die Stärke von Journalisten, sonst wären sie keine. Widerliche Flüche und Schimpfwörter springen durchs Hirn, du hast Not, sie bei dir zu behalten.

Am Boden noch eine halbe Stunde Zeit. Das Gate für den Anschlussflug – liegt am anderen Ende des Frankfurter Flughafens. Das ist weit, so weit.

Fraport ist die Gotham City der deutschen Flughäfen, menschenfeindlich und maßlos.

Rollkoffer, Jacke, Zeitungen, Handtasche: Du und deine Habseligkeiten laufen, stolpern, schlenkern, RENNEN, über Laufbänder, Fliesenbelag, Rolltreppen, um parfümierte

Scheich-Familien herum und an klimagekühlten Geschäftsmännern vorbei. Du schwitzt und rennst und stehst schließlich, keuchend, mit ekligen Schweißflecken unterm Arm vorm Bodenpersonal. Endlich. Rechtzeitig. Noch drei Stunden bis zur Dusche im Bauernhaus; Paul wird dann schon seit einer Stunde da sein und indisch kochen, Butter Chicken ... Aber man würdigt dich keines Blicks. Um dich herum am Gate stehen viele Leute, zu viele. Der Flug ist überbucht. Es ist der letzte nach Berlin. Eine Stewardess mit dem Charme einer Gefängniswärterin und ein Steward, dessen Gesicht bezeugt, dass er täglich mehr Zeit mit Kosmetik verbringt als du im ganzen Monat, entschuldigen sich, ohne es zu meinen. Wenn du nicht erst 31 wärst und nicht aufgehört hättest zu rauchen, käme JETZT der Infarkt.

Ein November. Ein Freitag. 19.10 Uhr. Dunkel. Der Zug, der jetzt abfahren müsste, steht noch nicht einmal da. Es wird dir bis ans Ende deiner Tage schleierhaft sein, warum ein ICE, der in Hamburg-Altona erst losfährt, schon im Hamburger Hauptbahnhof fünfzehn Minuten Verspätung hat. Die Ausrede bei der Bahn für diesen Umstand heißt: „Der Zug wurde nicht rechtzeitig bereitgestellt."

„Wurde" klingt, als habe eine fremde Macht willkürlich eingegriffen. Die Wortwahl ist falsch, Absicht und durchschaubar. Sie beleidigt darum die Intelligenz von Liebes-Reisenden und demütigt sie. Höhere Mächte walten nämlich nur (und oft genug), wenn „Kinder im Gleis" spielen, ein „Personenschaden" genannter Selbstmord verübt wurde, die Böschung an der ICE-Trasse brennt oder es zu Blitzeis kommt. Dagegen sind „Stellwerksprobleme", „Ausfälle im Zentralrechner" und, sehr beliebt, die „hohe Streckenauslastung" Probleme eines Beförderungsunternehmens, das viel Geld an pendelnden Paaren verdient und sich dafür mit Preiserhöhungen und Pannen revanchiert.

Leider ist man auf diese Firma angewiesen. Meine absolute Lieblingsbegründung der Deutschen Bahn AG dafür, dass ich meinen Geliebten immer und immer wieder erst Stunden später als geplant sehen konnte, sind die „Störungen im Betriebsablauf". Das ist so, als sage einem der Autoschlosser: „Ihr Auto ist kaputt, weil Ihr Auto kaputt ist."

Ein gestörter Betriebsablauf führt mal zu zwanzig Minuten Verspätung, die sich durchaus auf vierzig Minuten erhöhen können und schließlich auf sechzig erstrecken. All das wird nur peu à peu von Bahnmitarbeitern durchgesagt, damit die Reisenden auf den Bahnsteigen dieser Bundesrepublik verharren müssen, durstig, gedrängt, je nach Jahreszeit frierend oder schwitzend, immer in Furcht, den Einstieg zu verpassen und selbstverständlich ohne Bank zum Sitzen, denn Bänke gibt es nur noch nach einem hoch potenzierten Reise-nach-Jerusalem-Prinzip, auf dreißig Wartende ein Sitzplatz.

Stetes Reisen mit der Deutschen Bahn führt zur Schafwerdung einer ganzen gesellschaftlichen Schicht. Leider ist es eine eher gebildete und fleißige Schicht, darum habe ich die These entwickelt, dass ein Gutteil der Probleme Deutschlands gar nicht gelöst werden kann, weil er auf der Schiene bleibt. Ich habe neulich gehört, in England oder Italien oder Bangladesch sei das alles viel schlimmer. Aber das macht das Schlimme in Deutschland doch nicht besser, oder?

Neuerdings ist es sogar lebensgefährlich geworden, Bahn zu fahren. Ich wäre neulich beinahe der Kirche beigetreten, um wider allen Atheismus dem lieben Gott dafür danken zu können, dass ich nicht mit dem ICE reisen musste, als darin im Hochsommer 71 Grad herrschten. Die Klimaanlagen, die mich bislang immer frieren machten, hatten bei 36 Grad Außentemperatur versagt. Die Leute kollabierten reihenweise. Der Zug als fahrender Dampfgarer für Menschenfleisch war eine Höllenvariante, die ich noch gar nicht kannte. Chapeau dem Teufel!

Man könnte es kurz sagen, aber das würde der Schmach nicht gerecht: Pendeln der Liebe wegen ist Stress. Man nimmt ihn hin, um etwas anderes dafür zu bekommen. In den meisten Fällen, so auch in unserem, ist es ein guter Job für gutes Geld, der einem gute Laune macht und damit das Lebens lebenswerter. Es ist aber ratsam, sich als Paar immer mal wieder zu vergewissern, ob der Job des einen oder der anderen noch gut genug ist und all den Aufwand und die Leiden rechtfertigt. So handhaben wir das auch.

Nach der ersten Gewissensprüfung fand ich mich darum, sieben Jahre nach dem ersten Versuch und trotz aller Vorbehalte gegen die Stadt, in Hamburg arbeitend wieder, bei einem Wochenmagazin. In unserer Plus-Minus-Rechnung als Paar hatte das Plus überwogen, diesen Schritt zu gehen. Es hat eine Weile gebraucht, es hat auch weh getan, diese Entscheidung zu treffen. Aber darauf komme ich noch genauer zurück.

Um dem Eppendorfer Einbahnstraßen-Wahnsinn zu entgehen, zog ich beim zweiten Mal Hamburg in eine Wohnung, die praktisch neben dem Verlag lag. Dafür kostete das elegante Einzimmer-Neubau-Studio mit Nordfenster so viel wie drei sanierte Zimmer in Berlin-Friedrichshain mit Holzdielen und Balkon nach Südwest. Ich tat erst gar nicht so, als wollte ich mit der Stadt warmwerden. Und ich verlegte mich zu jener Zeit aufs Zugfahren, um den Reisestress zu minimieren. Letzteres gelang, wir sprachen darüber, nicht wirklich.

Am Wochenende traf ich mich mit Paul neuerdings in unserem Bauernhaus in Brandenburg. Das Haus auf dem Land war einer unserer Träume, die wir wahrgemacht hatten. Erst hatte Paul den Wunsch allein gehegt, dann ich ihn mit ihm, und wir erfüllten ihn uns, als es passte.

Der Hof war ein reines Lustobjekt zur ländlich-romanti-schen Erbauung, selbstverständlich zu teuer und als Wertan-lage völlig untauglich. Dieses Risiko einzugehen, wurde auch umgehend von der kapitalistischen Realität bestraft: Kaum hatten wir ihn gekauft, verlor ich meine Korrespondenten-stelle bei der Zeitung. Medienkrise, die erste.

Ich erläutere nachher noch, was das für uns als Paar genau bedeutete. Vorab schon mal so viel: 49 Redakteure meiner Zeitung mussten mit mir gehen; es traf „zufällig" eine ganze Reihe Frauen um die dreißig, ohne Trauschein und ohne Kinder, Frauen wie mich. Das nannten sie Sozial-auswahl. Einer meiner Kollegen, der anders als wir Frauen in Berlin gerade erst angestellt worden war und immer pünktlicher Feierabend machte als wir, hatte noch schnell geheiratet als die Krise kam; heute ist er Büroleiter und mit einer anderen verheiratet. Aber geschlechterspezifische Benachteiligungen interessieren eine Bank natürlich nicht, die dir gerade ein Annuitätendarlehen gewährt hat. Also neuer Job, neues Glück, neue Adresse für die Wochenend-liebe.

Paul brauchte von Leipzig aus zwei Stunden zu unserem Hof, ich von Hamburg aus gute vier. Der Vorteil: Dort zu sein war immer wie ein Mini-Urlaub. Der Nachteil: Montag.

Montags stand ich lange vor dem ersten Hahnenschrei auf, fuhr mit dem Auto 4.30 Uhr los und bis zum Berliner Ostbahnhof, wo in jenen Jahren die Züge gen Norden starte-ten. Mein Auto ließ ich auf einem Parkplatz stehen, der (noch) kostenlos war, dafür aber unsicher und weit weg. Fast nie ge-lang es mir, nicht rennen zu müssen, um rechtzeitig am Zug zu sein. Das ist um halb sechs durchaus eine Folter. Je mehr Hast nötig war, desto lauter krakeelten die Rollen am Koffer. Nach einer Weile nahm ich das Geräusch verstärkt wahr und lernte es zu hassen.

Der ICE Berlin-Hamburg am Montagmorgen ist ein Love-Train. Die darin sitzen, sie tun es alle: Lieben hier und arbeiten da. Bald erkennt man einander wieder, schaut aber geflissentlich aneinander vorbei. Bloß keine überflüssigen Worte, nicht um die Zeit, nicht aus diesem Anlass. Am Look lässt sich die gesellschaftliche Zugehörigkeit der Mitreisenden leicht ablesen. Maßanzüge und handgenähte Lederschuhe weisen auf hohe Stellungen in Verlagen und Kanzleien hin, sorgfältig verwaschene Markenkapuzenpullis und nie gesehene Edel-Sneaker auf alternde Jungs der Musikindustrie, dazwischen die rahmenlosen Brillen und gegelten Igelhaarschnitte der Airbus-Ingenieure und die sorgfältig blondierten Bad-Hair-Day-Frisuren der kleinen und großen Lifestyle-Redakteurinnen der Hamburger Verlage.

Der Zug war voller Pendler, von denen es einige verstanden, sofort in tiefen Schlaf zu fallen. Sie konnten sich meines Neids sicher sein, denn ich verstand mich auf diese Technik nicht. Ihre Fahrkarten legten die Schläfer so hin, dass der Schaffner sie nicht wecken musste bei der Kontrolle; die meisten Schaffner taten das aber trotzdem. Schon allein die Furcht vor dem Groll in mir, wenn sie das bei mir gewagt hätten, hielt mich vom Einschlafen ab.

Die Fahrt dauerte zu jener Zeit so lang, wie in der Zwanzigerjahren des alten Jahrhunderts, zwei Stunden und vierzig Minuten. Ich versuchte, Zeitungen und Bücher zu lesen, was mit rosinen-kleinen, brennenden Augen äußerst schmerzhaft war, abgesehen davon, dass das Gelesene keinen Eingang in mein Hirn finden wollte, denn das wollte schlafen! Schlafen! Schlafen! In seinem gestörten Biorhythmus schüttete es aber leider nicht die entsprechenden Hormone aus. Milla prophezeite mir: „Du lernst das, glaub mir, ich weiß, wovon, ich spreche."

Milla pendelte seit zwei Jahren nach München. Das zweite Angebot für einen Traumjob in einer anderen Stadt hatte sie nicht mehr abgelehnt. Carsten besuchte sie selten. Kam er doch, regnete es in München Bindfäden, und in Berlin schien die Sonne. Er wollte, wie einst aus Hamburg, jetzt nicht mehr aus Berlin weg und ließ das jeden wissen, vor allem Milla, die sich darum nicht auf München einließ. Sie fuhr oder flog zu ihm, so oft es ging. Ihre Rückflüge gingen montags selten nach sechs Uhr. Milla konnte im Flugzeug sofort wegdösen, sie träumte dabei aber wirr von der Zukunft. Sie liebte Carsten immer noch, fragte sich jedoch allmählich, warum.

Ich schaffte mir Ohropax und eine Schlafbrille an und nickte tatsächlich nach einem halbem Jahr Übens für ein halbes Stündchen pro Zugfahrt ein. Der Schlaf hatte allerdings die Qualität eines Fiebertraums. Es hätte nur noch gefehlt, dass ich den Kopf hin- und herwarf und Unverständliches lallte. Den Montag, selbstredend ein besonders intensiver und langer Tag in dem Magazin, überstand ich wie im Trance und nur stark geschminkt. Am liebsten hätte ich mir gleich Augen auf die Lider gemalt, um die echten darunter schließen zu können.

So einen Montag beschloss ich stets mit Magenschmerzen vom vielen Espresso und von dem Aspirin gegen den dumpfen Schmerz hinter meiner Stirn.

Sie, das Phantom. Er, das Phantom

Jonas war der Erste, der mich „das Phantom" nannte. Er meinte es nicht ganz ernst, aber ein bisschen. Der junge Banker war damals aus Heidelberg nach Leipzig gezogen und kannte Paul, den Kölner in Leipzig, seit zwei Jahren, so lange, wie ich aus der Stadt weg war. Jonas war einer der ersten Stammgäste seiner ersten Kneipe und auf dem Wege, ein echter Freund zu werden. Mich hatte er aber noch nie gesehen.

Aus Maria, einer Kollegin in der Journalistenschule, die gern eine Spur zu bissig wurde in meiner Gegenwart, platzte es einmal in breitem Pfälzisch heraus: „Gibt's den überhaupt, deinen Paul?"

Milla wenigstens zweifelte nicht an seiner Existenz, drängte aber, den Mann in meinem Leben endlich mal kennenzulernen.

Es gab uns, aber für neue Freunde und Kollegen in unserem Leben gab es uns nicht. Wir hatten für sie kein Gesicht, kein Lachen, keinen Witz. Wir hatten für die Neuen in der Stadt des anderen keine Bedeutung. Und zwischen 23 und 33 kommen viele Neue hinzu. Für die existierten wir als Paar nicht. Nicht gleich jedenfalls. Das stört die Welt nicht in ihrem Lauf, aber für ein glückliches Paar ist es mit der Zeit ein merkwürdiger Zustand. Manchmal fühlt man sich halb. Ich wollte aber nicht halb sein, denn ich war es ja nicht.

Als wir in der Journalistenschule das Fotografieren üben mussten, so richtig, mit Film und Belichten, drückte ich zu Hause auch mal auf den Auslöser, um den Schwarz-Weiß-Film zu füllen. Da mir jedes Talent dafür fehlte, das gut zu machen, sah Paul auf dem Bild besonders beknackt aus. Er stand vor seiner ersten Kneipe, klein und kaum zu erkennen, das Grinsen breit, das Gesicht viereckig, die Augenschatten das alles überlagernd und der dunkle Pulli ausgerechnet aus Flies. Er sah aus wie ein Hybrid aus gütigem Lehramtsstudenten, passioniertem Vegetarier und weltverbesserndem Fahrradwerkstattbesitzer. „Nett", sagte Milla mit einem tapferen Lächeln, „er sieht echt nett aus."

Nett! Paul war schön, böselustig, verliebt, verrucht, sein Verstand messerscharf, seine Argumentation unbestechlich, seine Humor unerhört, seine Figur das perfekte V, die Augenringe waren unverzichtbar, seine Launen so irrational wie passioniert. Aber er war doch nicht NETT!

Ob das die stutenbissigen Marias dieser Welt je erführen, war mir egal, und in den ersten Jahren nahmen wir in Kauf, dass auch wichtige Menschen wie Milla und Jonas wenig bis gar nichts von uns wussten. Denn als Paar mit wenig Zeit füreinander macht man sowieso beständig Rechnungen auf: Wollen wir jemanden treffen und das Risiko eingehen, einen mittelmäßigen, holprigen Pärchen-Kennenlern-Abend zu haben (Paul, jedenfalls, denkt gern vom *worst case* her). Oder wollen wir für uns sein und damit keinesfalls gelangweilt (und sei es, weil wir streiten, bis die Teller fliegen)? Schwieriger: Fahren wir Pfingsten nach Jena zu der garantiert ausufernden Dreitages-Party mit viel Gesang, noch mehr Getränk, aber garantiert null Gelegenheit zum Sex? Oder lassen wir zwei uns durch Berlin treiben und tauchen Sonntagnachmittag fröhlich in die Buntkarierten ab, um erst zum „Tatort" wieder aufzutauchen? (Okay, fahren wir nach Jena. Muss ja.)

Leicht fällt die Entscheidung für die Zweisamkeit und gegen die gesellschaftliche Herausforderung, sobald sie keine ist. Wenn nämlich die neue, öde, überkorrekte Streber-Kollegin „jetzt endlich mal mit dir einen Kaffee trinken will" und dir das zum zwanzigsten Mal mit diesem engagiertem Zahnpasta-Reklame-Lächeln vorschlägt. Leider, leider aber kannst du nicht, weil die Woche voller Dienstreisen ist und du am

Sonnabend natürlich nicht in Hamburg, sondern bei deinem Kerl sein willst. „Tut mir leid, aber das wirst du verstehen", flötest du mit dem echtesten Lächeln, zu dem du falsche Schlange imstande bist. Geradezu huldvoll und gänzlich unbeleidigt zieht sich die Langweilerin zurück, nicht ohne die Worte: „Ich bewundere ja, wie ihr das macht, mit dem ganzen Hin und Her."

Anders als die Freunde klärt man eine Streberin tunlichst nicht darüber auf, dass das Pendeln durchaus Sonnenseiten hat. Zum Beispiel diese, sie so leicht abschütteln zu können. Ähnlich zu verfahren ist mit Großtanten dritten Grades und Freunden, die man abgelegt hat, sie einen aber noch nicht. Ein aufrichtig vorgetäuschtes Sorry-Sorry, und schon ist man aus der Nummer raus, ohne jemandem wirklich weh zu tun.

Schwieriger gestaltet sich das Leben mit den Guten und Lustigen, mit den lieben Verwandten, den alten und werdenden Freunden. Oft, wenn sie einladen, lässt schon der Job keine Zeit dazu oder ist der Weg zu ihnen zu weit, oder das Treffen mit Paul allein schon so verdammt lange her.

Nach einer Weile weiß man manchmal nicht mehr, ob die Freunde darum nicht mehr anrufen, weil man ihnen zu oft abgesagt hat oder weil man selbst dran wäre, sich zu melden. Aber da gibt es ja noch das verrückte Bedürfnis, einfach mal nichts zu wollen, faul zu sein, Bücher lesend herumzulungern, ohne Nutzwert für die Gesellschaft und ihr Bruttosozialprodukt. Wenn sich alle Lustbarkeiten und aller Müßiggang auf die Wochenenden verteilen müssen und die ohnehin dezimiert sind, wird es: eng.

Allein das Management, Liebe, Familie, Freunde, zwei Berufe und – in unserem Fall – drei Haushalte und einen Hund zu pflegen, qualifiziert Fernliebende für die Vorstandsetagen dieser Republik. Man lernt, schnell und rabiat das Wichtige vom Unwichtigen zu unterscheiden. Und man leistet sich harte Schnitte, weil es anders oft nicht geht. Man stellt diese Ungerechtigkeiten aber, zunehmend geschickt, als Notwendigkeiten dar. Man handelt also wie ein börsennotiertes Unternehmen.

Bekannte, die man nicht vermisst, sind unwichtig. Weg damit.

Freunde, die man vermisst, muss man treffen und dafür zur Not ein Wochenende mit dem eigenen Lover in den Wind schießen, sonst hat man bald keine Freunde mehr.

Konferenzen sind nur wichtig, wenn Anwesenheitspflicht besteht oder wirklich etwas zu bereden ist; ansonsten arbeitet man lieber an seinen Projekten weiter (die Weisheit habe ich zu oft ignoriert).

Das Auto umzumelden ist unwichtig, wenn man nicht länger in einer Stadt bleiben möchte.

Einen erträglichen Frauenarzt zu finden, ist wichtig (kann man ersetzen durch: Hautarzt/Osteopathen/Orthopäden/Zahnarzt et cetera).

Friseure in jeder Stadt zu haben, ist unwichtig, aber vorteilhaft.

Der eigenen Mutter nach Spanien in den Urlaub hinterherzufahren und dafür kostbare Urlaubstage zu opfern, ist wichtig, wenn man die Mutter liebt, sie sich den Fuß verletzt hat und in Andalusien allein aufgeschmissen wäre.

Es ist nicht wichtig, pünktlich loszugehen Richtung Bahnhof, es ist nur wichtig, pünktlich dort anzukommen. Man muss nur bereit sein zu rennen.

Check-in-Zeiten an Flughäfen sind eine Empfehlung, auch nach ihrem Ablauf kann man in 99 Prozent aller Fälle einsteigen. Diese Regel gilt nicht für Urlaubs-Chartermaschinen.

Private Problemchen der Kollegen und entfernten Bekannten sind nicht deine Probleme. Drum höre ihnen zu, aber engagiere dich nicht über die Maßen. Du brauchst die

Kraft für die wirklichen wichtigen Menschen in deinem Leben. Und die Kraft ist begrenzt.

Vor allem ist es wichtig, enorm wichtig sogar, einen Rückzugsort zu haben. Alles, was über ein halbes Jahr räumlicher Trennung eines Paares hinausgeht, sollte emotional mit einer feinen, passenden Wohnung abgepuffert sein, mindestens aber mit einem eigenen, angenehmen, selbst eingerichteten WG-Zimmer im Stadtteil deiner Wahl. Das kostet Geld, aber dazu ist es da. Übergangslösungen sind keine, sie dauern immer zu lange und machen traurig. In Provisorien verliert man sich und wird zum Phantombild seiner selbst. Ich hatte den Fehler mit 24 gemacht, Milla machte ihn mit knapp 34.

Als sie nach München ging, ließ sie Carsten und ihr gemeinsames Loft in Kreuzberg zurück. Sie hatten dort eine unanständig große Südwestterrasse mit Rosen, Oliven, Ginkgo-Bäumchen und eigenen Kräutern darauf, das Schlafzimmer wies durch eine riesige, von außen uneinsehbare Fensterfront in die Wolkenformationen des Nordhimmels über Berlin, und alles war in einem skandinavischen, kitschfreien Stil eingerichtet. Selbst Helene hielt es hier ohne Schnappatmung aus, gut sogar.

In München dagegen hatte sich Milla in eine Art Arbeitnehmerkloster einquartiert. Nahe dem Olympiagelände hatte sie ein Apartmenthaus für die Arbeitsnomaden der gehobenen Stände gefunden. Für Menschen wie sie. Sie mietete darin „eine Einheit", bestehend aus einem klinisch reinen, sparsam apfelgrün-weiß möblierten Räumlein mit Whirlpool im Bad und Pantryküche im Flur. Sie tröstete sich damit, dass es eine gute Laufstrecke in der Nähe gab. Aber in Wahrheit wohnte sie hier wie der Agent kurz vor der Flucht. Auf Abruf.

Der Abruf dauerte bloß leider fast drei Jahre lang. So lange hoffte Milla. Erst, dass Carsten häufiger zu Besuch käme, dann, dass er nachzöge, dann, dass sie nach Berlin zurückkehren könne. Schließlich wurden es zu viele Wenns und Danns, und sie hoffte nichts mehr. Sie suchte sich etwas schlecht Erhaltenes, aber Hübsches in Schwabing, zweifellos zu teuer, aber alles Geld einer angestellten Filmproduzentin wert.

Das war endlich ihr eigenes Reich. Das Erste, was sie tat, war eine Wand bunt anzustreichen, natürlich nicht in Apfelgrün, sondern in Magenta. Wir betranken uns davor an ihrem Geburtstag, auf ihrem alten Kelim liegend. Wir grölten Hits der Achtzigerjahre, die wir, als sie neu waren, blöd gefunden hatten und jetzt nicht mehr blöd fanden. Daran merkten wir, dass wir sentimental wurden. Zwei Frauen, 31 und 37, in zwei Städten mit zwei Männern in zwei anderen Städten und keiner Aussicht auf Änderung dieses Zustands. Milla sagte, manchmal fühle sich das an, als habe man eine unheilbare Krankheit. Ich schwieg, mir ging es nicht so. Sie haderte schon, ich noch nicht.

Ich vermisste sie aber. Milla war weg, Silke war weg, Christiane war weg. Und die Freunde von Silke und Christiane waren woanders weg. Alles fuhr, flog, fluchte. Jeder schien plötzlich ein Leben auf Achse zu führen.

Manchmal möchte man aber einfach nur quatschen, ungeschminkt und ohne den Zwang zu Nettigkeiten und Etikette. Normalerweise kann das eine Frau mit dem Mann, der sich als der einzige Richtige herausgestellt hat. Nur war der ja nicht da, wo ich war, und das Telefon ist nicht immer ein Ersatz.

Am zweitbesten kann man mit Freunden trostlos sein. An solchen verflixten Abenden als fleißiges Bienchen in der selbstgewählten Fremde und fern der Schulter zum Anlehnen, scrollt man dann die Nummern seines Handys durch und stellt fest, dass: Nadja gerade ein Baby bekommen hat, Yvette jetzt in Hamburg wohnt, Lars frisch verliebt ist, Mark im Tibet-Urlaub Tiere streichelt, Milla gestern morgen wieder nach München geflogen ist und Helene auf Mallorca einen Auftrag hat (und einen Lover). Die dicke Wenke willst du nicht sehen, sie erzählt bloß wieder stundenlang von ihrer ersten Affäre nach dreieinhalb Jahren, wie viele Orgasmen sie bekommt und warum dieser Heilsbringer sie aber nicht zur Freundin nehmen will (weil sie dick ist). Merle meldet sich sowieso nur, wenn sie weinen muss.

Jetzt aber willst *du* mal weinen.

Es ist erstaunlich, wie jäh man sich einsam und verlassen fühlen kann, obwohl die große Liebe existiert und man denkt, zwischen den Treffen gut alleine zurechtzukommen. Was derlei Verlorenheitsgefühle angeht, gibt es zwei Techniken, ihnen zu begegnen. Entweder zieht man rasch zusammen und macht, zum Beispiel, Kinder, eine Weltreise oder baut ein Haus. Oder man hält sie aus und kommt wie ich nach einer Weile ins Training. Man gewöhnt sich an die Einsamkeitsattacken, und sie kommen seltener. Allerdings wird man darüber ein bisschen zäh und junggesellig.

In diesem Stadium ist man perfekt für den Arbeitsmarkt, ein flexibler Mensch, Ende zwanzig, Anfang dreißig. Man hat Kraft, ist berufserfahren, gestärkt durch eine Bindung, die der Arbeitgeber aber null spürt, außer im Ergebnis deiner Arbeit und deines Selbstvertrauens. Dessen Herkunft wird ihn aber nicht interessieren. Flexibel heißt biegsam sein, und Chefs lieben das natürlich ungemein, besonders jene ganz gewieften, die immer am selben Ort wohnen bleiben. In solchen biegsamen Leben ihrer Untergebenen sind Kinder, Muße, Hobbys, Häuser oder so etwas wie regelmäßiger Sport und klare Ansagen an unfähige Abteilungsleiter nicht vorgesehen. Die flexible Untergebene führt in der Regel das Gegenteil des Lebens vom Vorgesetzten. Und eine ganze Weile ist das durchaus wunderbar, für die Untergebene.

Das Erstaunen aber (und der mehr oder weniger gut kaschierte Unwillen), wenn die biegsame Angestellte sich als gefestigter Mensch bemerkbar macht, ist darum beim Chef stets groß. Als ich in meinem Magazin in Hamburg, im Jahr neun meiner Fernbeziehung, um Versetzung nach Berlin bat, antwortete mein Chefredakteur sehr freundlich, erstens, das gehe leider nicht, kein Platz da. Und er fragte, zweitens: „Kann Ihr Freund da drüben nicht irgendwie nach Hamburg kommen, ist doch hier auch ganz schön."

Er sagte das für seine Verhältnisse geradezu väterlich, und kurz hätte ich denken können: Hey, ein Chef, der fortschrittlich denkt und nicht davon ausgeht, dass die Frauen den Männern hinterherziehen, sondern die Männer auch mal den Frauen! Aber so war es natürlich nicht. Was er in Wahrheit meinte, war das Gegenteil; übersetzt hießen seine Worte: Sie sind doch noch recht jung (ich war 32), machen Sie sich mal locker und nicht von irgend so einem Freund im Osten abhängig.

Der Chef konnte natürlich nicht wissen, dass „Ihr Freund da" schon elf Jahre lang „irgendwie" zu mir gehörte. Weil es ihn null interessierte.

An dieser Stelle unserer beider Phantom-Leben verspürte ich das erste Mal den dringenden Wunsch, von Paul geheiratet zu werden, und zwar nur, um der Konvention willen. Ich hatte mir zuvor durchaus eine Hochzeit vorgestellt als krachende Party für uns beide; der rechtliche Status interessierte mich überhaupt nicht. Aber jetzt kam mir Helene in den Sinn, die sich bei Dienstreisen in arabische Länder immer einen Goldblechring überstreifte und die Fotos ihrer engelgleich gelockten Neffen als Belegoptiken eigener Kinder ausgab. Ohne Ring hatte man sie immerzu ungläubig und misstrauisch gefragt, warum sie nicht verheiratet sei, war ihr aber gleichzeitig auf die Pelle gerückt. Mit Ring zollte man ihr Respekt, hielt Abstand und kam nicht mal auf die Idee, Fragen nach ihrem Privatleben zu stellen.

Der Ehering als Statussymbol, die Heirat als Mittel zum Zweck – das Morgenland ist uns näher, als man denkt. Viel weiter ist Deutschland nicht. Vorgesetzte, die für ihren Job nie die Erstfrau verlassen mussten, weil sie immer mitzog, diese aber irgendwann zugunsten einer Zweitfrau drangaben, verstehen oder besser: ahnen nur, dass auch *du* außerhalb von Redaktionsschlüssen (kann man ersetzen durch: Abschlusspräsentationen/Vertragsverhandlungen/Meetings) existierst, wenn du den Ring an der Hand hast und nicht mehr „mein Freund", sondern „mein Mann" sagst. Die Ehe als personalpolitisches Pfund zum Wuchern – was im Mittelalter gut war, muss heute nicht schlecht sein.

Das gilt genauso für Kinder. Sie werden in der Firma nicht etwa aus reiner Freude über ihre Geburt oder die Einschulung oder den Wettkampfsieg im Bodenturnen vorgezeigt, sondern aus knallharten innenpolitischen Erwägungen heraus: Seht her, das habe ich vollbracht, sind sie nicht schön? Und die muss ich versorgen, wage ja nicht, Herr und Gebieter, mich und meine Burg zu schleifen! Besonders gut kommt es darum an, wenn Männer von nichtarbeitenden Frauen ihren Nachwuchs präsentieren. Ich habe noch nie gehört, dass Frauen nach der Geburt ihrer Kinder mehr Gehalt gewährt worden wäre (oder gar: angeboten). Von Männern habe ich das schon oft gehört.

Wieder andere Männer, die zu Chefs werden, suchen sich Jobs nur nach dem Verdienst aus, was zumindest im Journalismus ein schlechtes Zeichen ist. Vor einigen Jahren kam ein Kollege neu zu dem Magazin, bei dem ich arbeitete. Er war Ende vierzig. Zuvor hatte er männliche Bekannte darin eingeweiht, dass er vor allem darum von seiner Zeitung wegwollte, um beim Magazin „mal richtiges Geld" zu verdienen.

Denn auch er möge fortan in der Lage sein, seine Kinder auf englische Internate zu schicken. (Die Ehefrau, erübrigt sich zu erwähnen, trug zur Finanzierung der Familie wenig bei.) Zu seinem 50. Geburtstag suchte der Neuling tatsächlich intensiv nach einem Edelinternat für seine Erstgeborene. Dass sein Ansehen im Magazin in keinem Verhältnis zu seinen Ansprüchen stand, störte ihn dabei überhaupt nicht.

Die Chuzpe mancher Macho-Männer kann man ausschließlich verwerflich finden. Man kann aber davon lernen. Ich habe das frühzeitig beherzigt: Wer nicht fragt, wird nichts kriegen.

Sieben Monate nach dem Gespräch mit meinem Chef ging ich doch zurück nach Berlin, um dort im Außenbüro des Magazins anzufangen. Ich wollte nicht mehr in Hamburg sein. Ich wollte, wenn mein Leben schon aus sehr viel Arbeit und sehr wenig anderem bestand, in der „richtigen" Stadt leben. Darum hatte ich noch ein paar andere Wichtig-Männer dieser Redaktion gefragt, ob es nicht Mittel und Wege gebe, wieder nach Berlin zu kommen. Es gab sie.

Es gibt immer einen Weg. Wer nicht nach Gelegenheiten fragt, läuft nicht Gefahr, sie zu bekommen. Mehr als ein „Nein" zu hören, kann nicht passieren. Das hatte ich in der Krise gelernt. Aber darauf komme ich noch zurück.

Drei Monate vor meinem Umzug zurück nach Berlin, im Jahr Neun unserer Fernliebe, machte mir Paul einen Heiratsantrag. Im Sonnenuntergang auf den Stufen unseres Bauernhauses, mit Champagner und vor Aufregung versagender Stimme. Das ganze Programm. Rosamunde Pilcher erfindet einen Scheißdreck dagegen.

Für einen Mann, der mal als Punk durchging und mir immer und glaubhaft versichern konnte, wie sehr er es verabscheue, seine Liebe von deutschen Ämtern besiegeln lassen zu wollen, war er einen weiten Weg gegangen und darum ziemlich rührend. Ihm ging es ganz und gar nicht um die Konvention: Er nahm sie nur in Kauf.

Die Aufforderung, mich zu freien, hatte er nicht von mir. Glaube ich. Eher hätte ich mir die Zunge abgebissen, als ihn zu drängen. Dazu war ich zu stolz und, wie ich zugeben musste, zu altmodisch. Mann fragt Frau. Und basta. Allerdings hatte er in den Monaten zuvor versucht, die Lage zu sondieren. Paul fragte zum Beispiel auf anderen Hochzeiten: „Möchtest du auch gerne geheiratet werden?" Darauf reagierte ich mit tödlichem Ernst und übertriebener Empörung. Ich sagte: „Darauf antworte ich nicht, so läuft das nicht", und schmollte. Mag sein, dass das doch ein Signal war.

Jetzt blitzte an meiner Linken dieser Diamant in diesem Ring, und das machte mich auf so irrationale Weise fröhlich, dass ich mir ein bisschen peinlich war. Phantom-Frau und Phantom-Mann werden heiraten! Es gibt sie! Ja, so weit war es gekommen. Aber ich habe vorgegriffen.

Sex, oder, auch, nicht

Ein Morgen im Leben einer 26-jährigen Frau: Joggen gewesen, geduscht, die neue Jeans angezogen und die Lieblingsschuhe aus der Kategorie flach-trotzdem-stylish, Laptop eingepackt, den Mietwagen in der Leipziger Straße abgeholt. Weil sie keinen Golf da hatten, gab es einen 5er BMW, ohne den Verlag mehr zu kosten. Der Tag ist deiner. Um neun auf der Autobahn, pünktlich, das ist selten genug. Im Radio läuft gute Musik. Du fühlst dich ausgeschlafen, fit, schlank, schön und heiter.

Du könntest nicht die Welt umarmen, aber ihn. Du lägest gern im Bett, aber nicht allein, sondern mit ihm. Du hättest jetzt gerne: ihn.

200 Kilometer pro Stunde, huch, und so leise der Motor! Schönes Auto, schöner Tag, schöner Gassenhauer.

Also, wenn du es recht bedenkst (vielmehr denkt es sich von alleine), hättest du jetzt wirklich, wirklich nichts gegen eine schöne, entschiedene Nummer in deinem schönen neuen Bett einzuwenden. „You can leave your hat on ..."

Leider ist die 26-Jährige unterwegs in die falsche Richtung, nach Norden und zu sehr traurigen Bauern. Schweinepest in Mecklenburg; Reporterin im Einsatz. Sie parkt am matschigen Feldrain, kramt Block und Stift heraus und sieht in der Ferne schon tote Schweine an Kränen baumeln. Es hat zu nieseln begonnen. Sie töten heute Tausende, das nennt man Keulen. Die Kadaver werden verbrannt. Der kurze Lust-Anflug ist ihr sowieso längst vergangen, spätestens als sie vorhin im Auto auf Info-Radio umgestellt hatte. Da ging es ausschließlich um pestkranke Sauen, gefährdete Mehrheiten im Bundesrat und Tote im Kosovo. Das ist lustlos, spaßfrei und vertreibt liederliche Gedanken im Nu. In viereinhalb

Stunden müssen 180 Druckzeilen recherchiert und geschrieben sein.

Im Vertreiben und Ignorieren der Lust bist du bist geübt wie jeder seriöse, berufstätige Mensch in fester Beziehung, mit dem Unterschied, dass du jetzt schon weißt: Du wirst heute keinen Sex haben und morgen nicht und wenn überhaupt, dann frühestens in vier Tagen. Denn dann ist Wochenende. Und am Wochenende muss erst wieder alles passen, die Laune, die Lust, die Gelegenheit. Und das mit 26.

Das Schöne an einem Buch über meine Fernbeziehung ist, dass ich über Sex schreiben kann, ohne über Sex zu schreiben. Denn was meine Freude an schriftlicher Dokumentation desselben angeht, bin ich schüchtern und möchte es gerne bleiben. In einer Liebe auf Distanz geht es aber zunächst gar nicht darum, *wie* man es macht, sondern *ob* man es macht.

Nur gut zwei Tage in der Woche sind Zeit, um zu poppen. Das sind maximal zehn Tage im Monat, von im Schnitt dreißig, minus Dienstreisen am Wochenende, Sonntagsarbeit, Besuche bei Verwandten, bei Freunden (da lässt es sich manchmal organisieren), Bauchschmerzentagen (ich) oder Schwarze-Laune-Tagen (er). Da schrumpfen die Gelegenheiten auf durchschnittlich sechs, sieben Tage im Monat zusammen. An denen hat man, bitte sehr, gefälligst Lust zu haben!

Allein das zu lesen, macht einen doch rattenscharf, oder? Eben. Und wenn man dann noch am liebsten tagsüber ...

Man kann es schönreden und am Anfang einer leidenschaftlichen Liebe noch wunderbar ausblenden, wenn kein Weg zu weit, keine Zeit zu kurz ist, um zur Sache zu kommen. Aber im Laufe der Jahre sieht man sich als Fern-Pärchen genötigt, sich die Lust vorzunehmen, den Sex zu organisieren, das Liebe-Machen zu planen. Das fühlt sich genauso an, wie es sich liest, nämlich total unheiß. Jedenfalls in jener Phase, in der man begreift und lernen muss, dass es ohne Verabreden nicht geht. Jedes Paar mit Kindern weiß, wovon ich rede; zu so einem Elternwesen bin ich irgendwann selbst geworden. Aber wenn dieses ganze Geschlechtsverkehrs-Timing schon mit Mitte zwanzig anfängt, ist das blöd. Es kostet viel Spontaneität und braucht viel Disziplin. Erstere wäre gutem Sex zuträglich, letztere ist es ganz und gar nicht.

Zweimal in der Woche machen es die Deutschen, angeblich, und finden das zu wenig, angeblich. Um auf den Score zu kommen, hätten wir es zweimal am Wochenende machen müssen, immer, egal in welcher Laune ich war, egal, welcher Stimmung er war; während der Sorgen um meinen Job, während der Sorgen um seinen Umsatzeinbruch, während jeder Anspannung aufgrund einer komplizierten Recherche, während ungerechter Bedrohungen seiner Firma durch das Arbeitsamt oder nach haarsträubenden Einbrüchen ins Restaurant, nach jedweden Krisen, Krankheiten, mittleren Alkoholvergiftungen nach rauschenden Partys, nach dem Tod meiner Großmutter oder dem Sterben seines Vaters.

In den Sexannoncen der Stadtmagazine und Boulevardblätter prangt gerne dieses Wort: „naturgeil". „Naturgeile Nymphen warten auf Deinen Besuch! Ruf gleich an!" Vermutlich löst dieses Wort in bedürftigen Männern die gewünschten Reflexe aus, auch wenn sie (im befriedigten Zustand) genau wissen, dass es alles ein großer Beschiss ist und das Naturgeile all dieser Nataljas und Consuelas aus dem Wedding in einer Portion Gleitgel bestanden hat. Ich habe für das männliche Anspringen auf solche Offerten dennoch großes Verständnis. Ich weiß nicht nur, wonach sich die Freier der Nutten zu sehnen scheinen. Ich habe mich auch nach dieser versprochenen Blitzbereitschaft gesehnt – dass einfach, wenn die Gelegenheit sich bietet, sich also das kleine Zeitfenster öffnete, ich auf der Stelle „naturgeil" sein möge: Knips! Dass es mir so erginge, wie 13-jährigen geschlechtsreif gewordenen Jungs, wenn sie eine schöne Nackte sehen: Pling! Dass es mir einmal (oder gar: zweimal) in der Woche gelänge, so anzuspringen, wie frisch verliebten Männchen und Weibchen dreimal am Tag: Ready – Steady – Go!

Nun haben wir uns nicht mit unserem Filofax oder dem Palm hingesetzt, um einander Termine für unsere Nummern zu vergeben, womöglich noch mit aktivierter Erinnerungsfunktion. Wir haben auch nicht gesagt, och Mann, jetzt müssen wir ja noch den Scheißsex hinter uns bringen! Wir haben uns ganz normal unartig aufeinander gefreut; die Libido hat über all die Jahre eine passable Performance hingelegt und uns nie böse im Stich gelassen. Wir haben sogar die eine oder andere nette Location für unsere Zusammenkünfte getestet, darunter ein Motorboot im Schilf, das Auto sowieso, Treppenabsätze in fremden Hausfluren, den unvermeidlichen Küchentisch natürlich, das nicht verschließbare Pensionszimmer während einer Party, auf der wir nachher weiterfeierten; wir probierten den Strand immer mal, nur störte da der Sand; abzuraten ist vom Heuboden.

Aber egal, wann, wo und wie raffiniert oder routiniert man es treibt – wir hatten meistens im Hinterkopf: Freitagabend geht nicht, ist nicht unsere Zeit, weil das Fleisch müde und der Kopf voll. Wenn wir es Sonnabend nicht machen, muss es Sonntag sein. Wenn es Sonntag nichts wird, kriegen wir es dieses Wochenende gar nicht gebacken. Dann wäre erst wieder am nächsten die nächste Gelegenheit dazu, und dann lägen schon zwölf Tage zwischen diesem und dem letzten Mal. Ja, meine Güte, und wäre das denn noch normal, in unserem Alter?

Das irritierte, besonders, sagen wir, zwischen den Jahren zwei und vier unserer Fernliebe. Sich als junger Mensch vom Mythos zu emanzipieren, es „müssten" schon „mindestens zwei Mal" pro Woche sein, ist nicht ohne. Wenn man dann noch zu glauben weiß, dass die meisten das als zu wenig empfinden ... Aber, verdammt, es klappte nicht immer, und nicht immer, wenn es klappte, verdiente der Sex Bestnoten!

Die Kunstfertigkeit, ein Liebespaar zu bleiben unter diesen Bedingungen bestand darin, die wenigen gemeinsamen Tage nicht mit Erwartungen zu überfrachten – und trotzdem anzupeilen, es unbedingt zu treiben. Das hatte etwas Paradoxes. Besser, es irgendwie zu machen, als es gar nicht zu machen. Aber nur dann war die Wahrscheinlichkeit gegeben, dass aus dem „Irgendwie" ein Highlight wurde. Aus einem „Gar-nicht" konnte keinesfalls ein Highlight werden.

Es klingt schlimmer als es ist. Spätestens, wie gesagt, wenn man ein Kind hat, ist diese Herangehensweise hilfreich, auch für Menschen ohne Fernbeziehung.

Die Alternative ist keine. Man kann natürlich darauf setzen, dass die Lust einen schon zuverlässig übermannen wird und man gierig übereinander herfällt, weil man sich doch mag, gefällt und gerade die Zeit miteinander verbringt. Das Vertrauen darauf kann aber geradewegs – in die totale Enthaltsamkeit führen. Das wäre wirklich ein Thema für all die findigen Sexualwissenschaftler dieser Welt: „Führt das Hoffen auf Spontansex in einer Fernbeziehung zwangsläufig ins Zölibat?" Die Ergebnisse einer solchen Studie hätten gute Lesewerte auf den Vermischten-Seiten der Tageszeitungen, versprochen. Am besten in der Montagsausgabe platzieren, für die Pendler im Zug.

Das Gegenteil zu uns ist das Nur-Sex-Paar. Als dieser berühmte Wetteransager in Haft kam, weil er seine Freundin vergewaltigt haben soll, war das nach ein paar Tagen gar nicht mehr die wirklich interessante Geschichte, fand ich. Denn es stellte sich im Zuge der Ermittlungen heraus, dass der Fernsehmann drei bis vier Freundinnen und Geliebte hatte, zeitgleich, in verschiedenen Städten, auf zwei Kontinenten und offenbar für verschiedene Vorlieben. So lasen sich in den Zeitungen jedenfalls die verklausulierten Zitate aus den Ermittlungsberichten.

In jedem Hafen eine Braut. Und jede seiner Frauen dachte offenbar, sie sei die einzige und wahre.

Dabei hatte er die Geliebte, die ihn nachher bei der Polizei anzeigte, nur sporadisch alle paar Wochen besucht, immer in ihrer Wohnung. Sie kamen offenbar nur zusammen, um zu vögeln (zur Begrüßung), zu kochen, zu essen und, wenn es seine Zeit zuließ, nochmals zu vögeln. Dann ging der Wettermann wieder. Und das über elf Jahre hinweg. Sie träumte aus irgendwelchen Gründen trotzdem von einer gemeinsamen Zukunft mit ihm.

Die Geschichte klang bitterherb, schon ohne Vergewaltigung. Sie erzählte aber etwas darüber, wie identitätsstiftend Sex für eine Bindung ist. Und was es bedeutet, wenn er allein die Identität bestimmt.

Der Wettermann hatte seine Gelüste anscheinend ausgelebt wie ein Mitgiftjäger der Fünfzigerjahre, mit Lügen aus der Mottenkiste wie falschen Heiratsversprechen, angeblich unaufschiebbaren Kinderwünschen und, um sein monatelanges Fernbleiben zu entschuldigen, mit erfundenen schweren Krankheiten. Das wiederum warf ein hartes Licht auf die Frauen, die sich mit ihm abgaben. So muss es doch heute nicht mehr laufen, oder?

Als Helene mal eine einschlägige Affäre mit einem Typen aus München hatte, lief die eine Zeitlang parallel zu einer beginnenden Beziehung mit einem Mann in London, die Helene als eher ernstzunehmend einstufte. Der Mann in London wusste von dem Münchner, weil es den schon vor ihm gegeben hatte. Der Londoner machte Helene keine Vorschriften; er wartete ab, ob sie sich von allein für ihn entscheiden würde. Er war Mitte vierzig, geschieden und enorm smart, abgesehen davon, dass er an Paul Newman erinnerte. Als Paar sahen die beiden so unglaublich schön aus, dass man geneigt war, sich die Augen zu verschatten, so blendete das. Helene, die dauernd Eifersüchtige, war ausreichend verwirrt über die Großzügigkeit des Londoners. Sie fuhr aber vorderhand zweigleisig, denn sie fühlte sich auf unverschämte Weise gut damit.

Es geschah ihr in dieser Phase etwas Heilsames: Helene verspürte keinen Drang, Kontroll-Mails zu schicken, weder dem einen noch dem anderen. Wem sollte sie auch argwöhnen in ihrer Lage? Sie war das böse Mädchen.

Denn mit dem Münchner gab es das stille Einvernehmen, dass der vordringliche, wenn nicht einzige Grund sich zu sehen Sex war. Flog sie zu ihm, ein- bis zweimal im Quartal, holte er sie ab. Die Worte und Gesten in seinem Auto auf dem Weg vom Flughafen Franz-Josef-Strauß zu seinem Penthouse gerieten zum Vorspiel. Sie begannen das Wochenende mit Sex, sie setzten es mit Sex fort und beschlossen es mit Sex. Die Affäre endete freundlich, als sich der Mann ernsthaft in eine andere verliebte und Helene allein für den Londoner die Frau der Frauen sein wollte (bis auf weiteres). Darüber, wie sie es mit ihm im Bett hielt an den zwei Wochenenden des Monats, die sie sich sahen, verlor sie übrigens nie ein Wort. Das war ein gutes Zeichen, es schien wirklich etwas Ernstes zu sein.

Im Freundeskreis habe ich die Erfahrung gemacht: Je mehr ein Paar miteinander verbindet, desto weniger redet es mit der Außenwelt übers Bett. Noch weniger reden Paare darüber, die pendeln. Ausgenommen von dieser Regel der Verschwiegenheit sind Seitensprünge und andere Notlagen, die den jeweils anderen seelisch verletzt haben oder körperlich bedürftig werden lassen.

Über den Wochenend-Sex von Milla und Carsten weiß ich darum nur so viel, wie es diese Ausnahmesituationen zuließen und sie mir davon preisgab. Ihr Ausgangsniveau als Paar war hoch, das war nicht zu übersehen; sie zogen sich in Hamburg an wie Magneten und entdeckten ihre Körper wie die ersten Menschen. Milla, die Coole, Intellektuelle, Schlagfertige, wisperte mir damals in einem Moment der Verzückung zu: „Er ist so leidenschaftlich, so un-glaub-lich leidenschaftlich." Sieben Jahre später, als sie nach München ging und Carstens Schweigen in der einen oder anderen Krise schon winzige Splitter in ihrem Herzen hinterlassen hatte, eilte sie auch darum trotzdem nach Berlin in seine Arme, weil sein Körper ihr wie ein Zuhause war.

Als sie begannen, über ein Kind zu verhandeln und er keines wollte, verging ihr die Lust. Als sie (gemeinsam) abmachten, dass sie doch die Spirale entfernen „durfte", verging ihm die Lust. Er entzog sich ihr und das, wie es seine Art war, ohne Angabe von Gründen. Aber die lagen natürlich auf der Hand.

Ich ahnte, wenn Milla schwanger würde, wäre diese Liebe tot. Und Milla ahnte das auch.

Streit und Rosen

An einem Montag in Hamburg, meine Augen brannten, mein Kopf schmerzte, sah eine unserer Sekretärinnen einen Boten mit einem riesigen Strauß roter Rosen durch die Empfangshalle des Verlages irren. Das heißt, sie sah nicht wirklich den Boten, sondern nur den Strauß sich bewegen. Der Bote war lediglich dahinter zu vermuten, denn die Rosen verdeckten seinen Oberkörper vollkommen. Die Sekretärin lachte sehr, als sie das Gebinde nachher auf meinem Schreibtisch wiederfand und mich dahinter nur schwer entdecken konnte: Mir also waren die 51 langstieligen, riesenköpfigen, tiefstroten Prachtexemplare zugedacht worden. Aber von wem? Die Neugierde sprang ihr sensationslüstern aus den Augen. Dass es mein langjähriger Freund gewesen sein mochte, schloss sie offenbar aus.

Der Strauß füllte das neun Quadratmeter große Büro schier zur Hälfte; er muss mehr als einen halben Hartz-IV-Satz gekostet haben. Wahnsinn. „Na, da scheint ja einer schwer in dich verschossen zu sein", sagte sie fragend und ein bisschen süffisant, wie mir schien. Aber wie erwähnt, es war Montag, und ich litt unter der Folter des Schlafentzugs.

Unsere zweite Sekretärin gesellte sich hinzu. Sie hatte mehr Ahnung von den Abgründen des Lebens und stellte ohne große Umschweife fest: „Na, das scheint ja eine größere Verfehlung gewesen zu sein."

Ich weiß nicht, was eine attraktive, aber menschlich diffizile und geschiedene Sekretärin um die sechzig darunter verstanden hatte. Vermutlich dachte sie in den Erfahrungsmustern ihres eigenen Lebens und dass Paul mich betrogen haben musste. Je teurer der Strauß, desto größer die Verfehlung, oder so.

Hätten aber 51 Stück Drei-Euro-Fuffzig-Rosen schon seinen Fremdsex mit einer anderen abgedeckt? Wäre das nicht eher einen Diamanten wert gewesen? Wie auch immer, Paul war nicht fremdgegangen.

Er ist nie fremdgegangen. Ich habe es mit einem Sekt-oder-Selters-Mann zu tun, ganz oder gar nicht. Er tut es mit mir und sonst mit niemandem. Und er verlangt von mir, das ebenso zu halten, sonst wäre es aus. Ich finde das nicht zwingend logisch, aber konsequent und darum sexy. Vielleicht machen das die unbewussten Übertragungen von Überresten des katholischen Glaubens in mir, der meinen Vorfahren mütterlicherseits über Jahrhunderte hinweg eingetrichtert worden war. Vielleicht reicht mir der eine Mann aber auch einfach nur aus.

An jenem Sonntag vor dem Montag hatten wir uns gestritten wie ... wie die Kesselflicker klingt zu niedlich. Treffender wäre zu sagen: wie Feinde. Ich weiß nicht mehr, worum es ging. Ich weiß nicht mal, ob ich es an dem Montag nach dem Sonntag noch genau wusste, vermutlich aber schon. Die 51 Rosen waren ein Zeichen dafür, dass es eine größere Session gewesen sein muss, deren Verkrampfungen wir entgegen unseren Gewohnheiten nicht mehr imstande waren, noch vor meiner Abreise zu lösen.

Vermutlich hatten die Türen geknallt. Vielleicht ist etwas kaputt gegangen. Ich habe mit Sicherheit üble Schimpfwörter gebraucht (das kann ich zuverlässig sagen, denn es stimmt für krasse Streits immer). Sehr wahrscheinlich haben wir einander anbrüllend alles infrage gestellt, also uns. Darauf lassen nicht die Rosen als solche schließen; Blumen bekam ich von Paul immer mal wieder und meistens überraschend geschenkt, einfach so. (Leider neige ich meinerseits nicht zu solchen altruistischen, überflüssigen, aber verwöhnenden Gaben.)

Nein, es waren eher die Zahl, die Größe, die Umstände.

Im Strauß steckte eine Karte. Darauf standen, in der fremden Handschrift des Fleurop-Händlers, Pauls Worte: „Hasse mich nicht. Aber ich bin trotzdem der Größte. P." Ich grinste, natürlich grinste ich.

Zur Sekretärin sagte ich: „Ging so."

Abends trug ich den enormen Strauß hinüber in mein überteuertes Strohwitwen-Apartment und wurde dabei von den Leuten auf den Wegen, auf dem Spielplatz vorm Michel und dem Pförtner in meinem Wohnhaus angestrahlt, als wäre ich eine glückliche Braut ganz in Weiß.

Das klingt jetzt ein bisschen wie Reklame für die Blumenindustrie. Aber es ist keine, mit Sicherheit nicht. Auf Dauer wird es zu teuer, Streits zwischen den Städten mit Buketts für 170 Euro beizulegen. Wären wir bei jedem Krach so verfahren, wären wir heute bitterarm. Und es hätte binnen kurzem etwas entsetzlich Routiniertes gehabt, Streit gleich Blumen gleich Hab-mich-wieder-lieb. So läuft das nicht.

Nun sind wir besonders harmonie-*un*bedürftige Leute. Wir neigen ungünstigerweise dazu, Konflikte laut und ohne großes Federlesen auszutragen, durchaus vor Dritten, was mitunter peinlich werden kann. Wir hatten uns sogar an unserem Kennenlernabend gestritten (wenn auch nachher geküsst), darum gab man uns am Anfang unserer Beziehung kein halbes Jahr.

Das muss ja nicht sein und ist zur Nachahmung nicht empfohlen; aggressive Menschen leben kürzer. Für uns war aber auch darum die Trennung von Tisch und Bett und Stadt die Rettung und die Chance unseres Lebens. Meine Insel hier und seine Insel da – und dazwischen viel Platz zum Freischwimmen, zum Planschen, zur Entfaltung, zur ganz persönlichen Verwahrlosung, zum strafbefreiten Nur-an-sich-denken. Der physische Abstand hatte den Soforteffekt, dass wir weniger streiten konnten, weil wir uns weniger sahen. Wo kein Kläger, da kein Richter. Wo keine Zicke, da kein Ziegenbock.

Allerdings hilft das nur die Nichtigkeiten des Alltagstrotts zu umschiffen. Die Dosierung unserer Treffen und der ständig mögliche Rückzug in unsere zwei verschiedenen Häfen machten es uns leicht, nicht gegen die allzu offensichtlichen Klippen im Meer der Missverständnisse zu knallen: Wo keine gemeinsame schmutzige Pfanne, keine gemeinsame „falsch" eingeräumte Spülmaschine, kein männlicher Klamottenhaufen auf dem Flur, keine weibliche verdurstende Zimmerlinde, keine vergessenen Pfandkisten oder sauer werdenden Milchreste sind, kann sich auch niemand darüber ärgern. War ich in seiner Wohnung, übersah ich seinen Kram. War er in meiner, übersah er meinen. Alles andere wäre Zeitverschwendung gewesen. Das hielt uns nicht davon ab, sich über die Unzulänglichkeiten des anderen lustig zu machen. Jedes Wochenende aufs Neue versuchte Paul, meine drei (in Zahlen: 3) darbenden Grünpflanzen zu retten. Eine überlebte sogar Hamburg II und Berlin II, hielt artig bis zu unserer späteren Hausstandsfusion durch, wo sie schließlich das Zeitliche segnete, was aber an einem Schädling lag.

Das Herrliche an den zwei Leben, die in unserem gemeinsamen steckten, war: Im Großen und Ganzen fiel dieses ganze Generve um das Alltagsnichts zehn Jahre lang flach.

Ich versuche bis heute, etwas vom Laisser-faire unserer Fernliebe ins sogenannte normale Leben einer Familie in einer gemeinsamen Wohnung zu retten. Paul würde bestreiten, dass es mir auch nur ansatzweise glückt, vermutlich zu Recht. Ihm gelingt es besser, oder sagen wir: offensichtlicher. Die Wahrheit ist, er übersieht die kleinen Unvollkommenheiten nach wie vor großzügig und macht seltener Ordnung, aber das gründlicher, effizienter und schöner. Ich erledige dagegen tausende Kleinigkeiten, die irre viel Zeit kosten (meines Erachtens), die keiner bemerkt, ohne die es aber viel schwerer für ihn würde, derart formvollendet System in die Sachen zu bringen.

Darum sind wir längst in die Alltagsfalle getappt. Wird heute der Verdienst des einen oder der anderen nicht ausreichend gewürdigt, führt das zu Genörgel. Genörgel führt zum Schimpfen. Schimpfen wird zu Krach. Krach macht schlechte Laune. Schlechte Laune kostet Lebenszeit. Selbige vergeudet zu haben, sickert in den Bodensatz der unguten Erinnerungen, bleibt dort liegen und fault. Der Bodensatz wird bei einem neuen Krach zum nächsten unwichtigen Genörgel wieder aufgewirbelt und mit neuer Masse angereichert. So entsteht ein Sediment, das die Liebe vergiften kann. Man muss aufpassen.

Zwischen dem Genörgel um Küchendreck und den wirklich großen, möglichen Lebenskonflikten eines mitteleuropäischen berufstätigen Paares (Kind? Karriere? Gefühlskälte?) bildet sich aber in der Mitte so eine Art Zwischenform von Streits heraus, von deren Qualität man nicht recht weiß: Ist dieser Krach jetzt Ausweis für eine Krise? Wird uns das schaden? Tun wir uns weh? Kenn' ich den oder die eigentlich wirklich? Will ich die Frau so kennen? Haben wir am Ende ein großes Problem? Oder haben wir gar keines? Das ist die zweite Konfliktebene, und die kann Fernliebende schon eher in gefährliche Untiefen führen. Denn man wird ihrer zunächst nicht gewahr und wenn doch, dann jäh.

Es gibt aus diesem Zwischenreich des Streits eine für mich äußerst peinliche Begebenheit zu berichten. Dass ich erst 25 war, macht sie nicht wirklich besser. Sie ist in den Anekdotenschatz unseres Paarlebens unter dem Namen des Tatorts in Berlin-Neukölln eingegangen, an dem sie sich ereignete: Alboinstraße. Und das kam so.

Ich wollte umziehen. Nachdem ich in Berlin zunächst hier und da zur Untermiete gewohnt hatte, fand ich eine zauberhafte eigene Wohnung. Paul hatte sie noch nicht gesehen. Ich hatte unglaublich viel geräumt, gepackt, organisiert; die Kisten, den Transporter, die Übergabe der alten und der neuen Wohnung. Die alte Wohnung meiner nach Hamburg gezogenen Freundin Nadja musste gemalert und geputzt werden, meine neue hergerichtet. In einem Zimmer fehlte ein Fußbodenbelag. Darum schleppte ich aus dem Baumarkt in der Nähe eine Rolle vier mal vier Meter großen Teppichbodens in mein Auto, aus meinem Auto heraus und in den ersten Stock hinauf, was eine Frau von 1,60 Meter Größe und 55 Kilogramm durchaus in die Knie zwingen kann.

Allein tat ich das, alles allein. Es machte Spaß. Nebenbei arbeitete ich allerdings meine acht bis zehn Stunden am Tag, war darum völlig erschöpft und nun kam erst: der Umzug.

Es mussten Möbel aus Leipzig und Kreuzberg nach Berlin-Treptow gekarrt werden. Ich fuhr den Siebeneinhalbtonner des billigsten Autovermieters von ganz Berlin nach Leipzig. Die Plane ließ Wasser durch, und auf der Tankanzeige stand ein Aufkleber: „Wenn ¼ voll tanken". Ich nahm ihn wahr, irgendwie. Aber ich nahm ihn nicht für voll.

Wir räumten Möbel aus der Leipziger Wohnung meiner Mutter ein, fuhren über die Autobahn wieder nach Berlin-Kreuzberg, räumten dort meine Kisten und Sessel aus dem vierten Stock im zweiten (!) Hinterhaus, natürlich ohne Fahrstuhl, keine Anfahrt möglich. Dann hievten wir sie in den Kleinlaster. Wir fuhren über die Stadtautobahn nach Treptow in mein neues Reich mit Stuck, Dielen und Südwestbalkon. Jedenfalls wollten wir das. Aber wir blieben stehen. Der Siebeneinhalbtonner blubberte, verebbte und bewegte sich keinen Millimeter mehr. Auf der A 100, in Höhe Alboinstraße, mitten in der Rush Hour. Paul war mit seinem Auto in Kolonne hinterhergefahren. Er hielt auf dem Seitenstreifen, stieg aus und kam gucken. Er sah den Aufkleber auf der Armatur, verstand ihn sofort als das, was er war, nämlich einen Hinweis darauf, dass die Tankanzeige kaputt war – und machte mich zur Katze. Er machte mich, nach diesen ganzen anstrengenden Wochen: rund. Im falschesten aller falschen Momente.

Er sagt nicht, „Shit happens" oder „Ach Mensch!" Er rief: „Wie blöd kann man sein!?"

Ich geriet außer mir. Ich schrie ihn an, der Verkehr toste. Er schrie zurück. Ich schrie wie eine Irre weiter, und weil sich keiner von uns beruhigte, schlug ich irgendwann auf ihn ein. Ich auf ihn. Blind vor Wut, am Rande der Stadtautobahn, Höhe Alboinstraße, im Feierabendverkehr. Es hatte, natürlich, zu regnen begonnen. Meine Mutter saß auf dem Beifahrersitz im Laster und wurde immer blasser hinter der Frontscheibe. Sie stieg aus und versuchte, zwischen uns zu gehen. Man muss sagen, ich komme nach ihr. Aber so etwas hatte selbst sie noch nicht hingekriegt.

Es war ein bisschen wie Unterschichtenfernsehen, nur in echt.

Ein Streifenwagen mit Blaulicht stoppte und man fragte uns Frauen, ob wir Hilfe bräuchten. Jemand hatte die Szene am Autobahnrand gesehen und die Polizei gerufen. Die Polizei in Berlin geht nicht davon aus, dass Frauen Männer hauen. Tja. Wir schickten den Polizisten weg, mit zu vielen beschwichtigenden Worten und peinlich berührt.

Irgendwie fuhr Paul los und kaufte einen Kanister Diesel. Irgendwann landeten die Möbel in meiner neuen Wohnung. Um irgendeine Zeit bestellten wir Pizza und tranken zu warmes Bier. Ich fühlte mich wie taub und Paul auch. Er redete kein Wort. Ich sprach ganz wenig, und meine Ma sehr viel, um die blöde Situation zu überspielen. Wir brauchten diesmal Tage, um uns voneinander zu erholen.

Man denkt, man kennt sich gut. Man meint, über den anderen mehr zu wissen, als jeder Mensch sonst auf der Welt. Man traut niemandem so sehr wie dem Geliebten. Und dann das. Vielleicht aber: genau darum genau das.

Was an jenem Abend aufeinander traf (und an manch anderen schwarzen Tagen wieder, aber eher ohne Schläge), waren zwei verschiedene Erwartungen an den Ablauf eines Tages, waren zwei gleich große, aber räumlich unabhängig voneinander erarbeitete Erschöpfungszustände (seiner und meiner) und waren zweierlei unterschiedliche Wahrnehmungen ein- und desselben Vorfalls. Das alles kombiniert mit unseren völlig konträren Umgangsformen mit Missgeschicken führte zur: Explosion.

Ich meine, es ging nicht um Hochwasser, eine Feuersbrunst, Krieg oder eine schwere Unfallverletzung – es war bloß der Diesel alle, und die nächste Tankstelle lag in Spuckweite. Mich traf seine abfällige Reaktion darum wie der Blitz aus blauem Himmel. Und meine unbändige Wut sprang ihn wiederum an wie ein Ungeheuer im Streichelzoo.

In „Schloss Gripsholm" schreibt Kurt Tucholsky über eine leise Verstimmung mit seiner Geliebten: „In diesem Augenblick war jeder ganz allein, sie saß auf ihrem Frauenstern, und ich auf einem Männerplaneten. Nicht feindselig ... aber weit, weit voneinander fort." Eine wunderbare Stelle. Tucholsky erkannte schon vor neunzig Jahren die Unterschiedlichkeit der Gemüter von Mann und Frau an und ließ sie zu, ohne aber dabei den Frauen den dussligeren Part zuzudenken, im Gegenteil. Was ich nicht bedacht hatte, war, dass die verschiedenen Planeten im Zoff zu Kampfsternen mutieren können.

Man kann es im Nachhinein nicht beweisen: Aber ich mutmaße, die Art von Feindseligkeit am Tatort Alboinstraße hätte sich so nicht entladen können, wären wir die Tage und

Wochen vorher zusammen in einem Ort gewesen, hätten um die Mühen und Nervereien des anderen besser gewusst.

Manchem Paar fällt es auf Dauer schon schwer genug, in einer gemeinsamen Wohnung nicht aneinander vorbeizureden und vorbeizuleben. Auf Distanz passiert es zwangsläufig, man muss damit rechnen und umgehen lernen, möglichst bevor es zur Prügelei kommt oder zum langen Schweigen, wie bei Carsten und Milla.

Über die ernsten, die großen Sachen haben Paul und ich uns nie gestritten, nicht über unseren Lebensentwurf, nicht über die Karrieren, nicht über ein Kind, nie übers Geld. Das kann man Glück nennen. Aber das war es nicht, nicht allein. Das war kein Geschenk der Natur, das war Arbeit. Genauso hat es Paul gleich am Anfang gesagt: „Beziehung ist Arbeit." Man kann sich meine Begeisterung vorstellen. Ich war total verknallt, die Welt war rosa, der Mann schön und geheimnisvoll und auf anziehende Weise anstrengend. Was sollte daran Arbeit sein? Warum denn: ARBEIT?

Aber er behielt natürlich Recht. Vielleicht müsste man das nicht unbedingt Arbeit nennen, sondern Ehrlichkeit, Vertrauen, Aufrichtigkeit, Nähe, Zulassen, Weglassen, Zuhören, Austoben, Ausheulen. So gesehen haben wir gute Arbeit geleistet. Im Jahr Eins unserer Bekanntschaft haben wir zum Beispiel klargezogen, dass ich für Kinder nie länger zu Hause bleiben würde, sondern höchstens ein Jahr.

Die Debatte war zu jenem Zeitpunkt einigermaßen abstrus: Ich war erst 21, Kinder waren für mich jenseits aller Wünsche und Vorstellungen, genau wie eine feste, auf Dauer angelegte Beziehung, die wir damals unwissentlich begonnen hatten. Aber es ging ums Prinzip. Paul, der mit studierten Hausfrauen groß geworden war, die allesamt ihren Männern „den Rücken frei" hielten, wie es immer so euphemistisch heißt, stritt sich genau ein einziges Mal mit mir darum,

nämlich an jenem Abend, als er 25 war und ich 21. Dann nie
mehr. Es kam ihm, je besser er mich kannte, einfach nicht
mehr in den Sinn, seine männliche Karriere über meine weibliche zu stellen, weil er mich respektierte. Er fand seine zu
Hause erlernte Ansicht anmaßend und ersetzte sie durch eine
eigene.

Ebenfalls im Jahr Eins haben wir klargemacht, dass nichts
anbrennen darf. Wem etwas nicht passt, war Pauls Diktum,
der muss es sagen und zwar schnell. Sonst könne es zu spät
sein. „Du musst in einer Beziehung eine Plus-Minus-Rechnung machen können. Und das Plus muss überwiegen, immer." Oh mein Gott! Der Mann war ansonsten echt fesch,
frech und freigeistig. Aber Plus-Minus? Was war denn das
für ein Scheiß? Das fand ich entsetzlich. Zu unserem beider
Glück habe ich in den ersten zwei Jahren nicht nachgerech-
net. Es wäre angesichts der Anzahl unserer Streitereien nicht
gut ausgegangen für unsere Bilanz.

Später aber wurde Plus-Minus unsere Glücksformel. Wir
haben nicht Buch geführt. Wir sind einfach, neigte sich die
Minusseite gefühlt gefährlich gen fünfzig Prozent, in uns gegangen, sind weggefahren, haben geredet und einander Gutes getan. Wir verwandelten Minus ins Plus, wir formten aus
irrationalen Variablen rationale Konstanten. Wir ließen einander nicht im Ungewissen: Als ich mit fast dreißig einen
ziemlich tollen Job in Hamburg hätte haben können, entschied ich mich dagegen, Paul hätte es unterstützt, aber er
gab zu: mit schwerem Herzen. Noch mal so weit weg, Berlin
aufgeben. Als ich ein halbes Jahr später doch nach Hamburg
musste, hielt er mir die Steigbügel. Als klar wurde, er kann
seine Geschäfte nicht nach Berlin verlegen, stellten wir uns
darauf ein. Wir sprachen es irgendwann klar für einander
aus: Sollten wir eines Tages eine Familie gründen, werden
wir einfallsreich sein und Abstriche machen müssen, und

zwar große. Wir sagten uns das schon, als wir noch gar keinen Bock auf Kinder hatten.

Sowieso, das mit dem Kind. Wann wird das akut? Bei den einen mit 27, bei anderen mit 37. Wir sehnten uns nicht nach Babys, und wir lehnten sie nicht ab. Hätte ich kein Kind haben wollen, hätte Paul es akzeptiert. Hätte ich mich danach verzehrt, hätten wir welche gemacht. Wir taten aber nie so, als würde sich das alles einfach so ergeben, nach dem Motto, wenn es kommt, dann kommt es. Das mag vielleicht in einer Studentenliebe mit Anfang zwanzig funktionieren. Aber in einer logistisch komplexen, auf die berufliche und seelische Erfüllung hin ausgerichteten Fernliebe ergibt sich nichts einfach so. Manchmal nicht mal der Kinderwunsch. Da muss man beschließen.

Als Milla schwanger wurde, trennte sie sich von Carsten, bevor er es tat.

Als Helene vom Londoner einen Heiratsantrag bekam, erschrak sie aus unerfindlichen Gründen und floh für eine Weile nach New York.

Silke, Christiane und Nadja wohnten mit ihren Freunden wieder zusammen und bekamen Kinder.

Ich habe schon wieder einiges vorweggenommen und ein paar Sachen ausgelassen, die man nicht auslassen kann. Zum Beispiel das Ding mit dem Fremdgehen.

Und, wie ist das nun
mit der Versuchung?

Als Milla Paul endlich kennenlernte, gingen wir zusammen in Berlin auf eine Party. Sie mussten sich später am Abend über mich unterhalten haben. Denn Paul erzählte mir am nächsten Morgen: „Milla hat übrigens etwas Nettes über dich gesagt. Du würdest es nicht mal bemerken, wenn andere Männer dich angucken. Du würdest durch die Weltgeschichte laufen, als hättest du Scheuklappen auf."

„Scheuklappen?"

„Scheuklappen, das waren ihre Worte."

Ich war erstaunt, damals, im Jahr drei unserer Liebe auf Reise. Wen oder was meinte Milla denn? Ich hatte gar keine Idee, wo mich ein fremder Mann gescannt haben könnte. „Eben", sagt Paul und grinste.

Heute, wenn ich zusammen mit meinen Freundinnen nach dem Yoga (ja, tut mir leid, auch bloß: Yoga!) in der Bar sitze, glauben sie mir das ja nicht. Treue wird generell angezweifelt, anhaltende Treue erst recht, besonders, wenn man die vierzig im Blick hat. Aber zu 98 Prozent der Zeit trug ich diese imaginären Scheuklappen mit mir herum. Ich hatte sie sogar dann auf, wenn es schlauer gewesen wäre, sie abzusetzen.

Ich war immer stolz darauf gewesen, mir keine Stelle, keinen Auftrag, kein einziges Praktikum darüber organisiert zu haben, indem ich jemandem schöne Augen machte oder sonst in irgendeiner Form weibliche Vorzüge oder Angebote ausstellte; den besten Job bekam ich sowieso durch die Fürsprache einer Frau. Ich hatte, für die wirklich wichtigen Gespräche mit den wichtigen Männern (es waren am Ende der

Hierarchie immer Männer), sogar meine einigermaßen zuverlässige Schlagfertigkeit herunter gedimmt und mir ein allzu fröhliches Lachen untersagt. Bloß keine Blöße geben, keinen Verdacht erregen. Geht nämlich auch so!

Es geht aber anders besser. Manchmal hätte ein Lächeln oder ein sanftes Wort von mir die Dinge schneller in die von mir gewünschte Richtung befördert. Denn es gibt natürlich etwas zwischen Besetzungscouch und klösterlicher Disziplin, zwischen eindeutiger Zweideutigkeit und dem Versuch, den besseren Kerl zu markieren. Das nennt man Charme, aber auch der will gelernt sein, bevor man ihn gekonnt einsetzt. Mit Ende zwanzig kam ich irgendwann auf den Trichter. Geschenkt. Vorgesetzte ab fünfzig aufwärts stellen nicht wirklich die verführerischen Gefahren für eine Frau zwischen 25 und 35 dar, sofern sie nicht auf Sex mit Älteren steht oder eine Karriere übers Bett anstrebt oder eine Versorgungsehe.

Die Versuchung lauerte woanders, sie kam selten und unverhofft. Waren 98 Prozent meines Lebens mit Paul sicher vor jeglichen unartigen Gedanken an Fremde in der Fremde, blieben da noch diese zwei Prozent übrig. Zwei Prozent Zeit ohne Scheuklappen in zehn Jahren sind wirklich wenig, aber rein rechnerisch, minus Wochenenden und Urlaubstagen, auch 43,4 Tage. Oder 43,4 Gelegenheiten. Oder 43,4 Träume von irgendjemandem oder irgendetwas mit Y-Chromosom.

An diesen Tagen oder Nächten, in diesen Minuten oder Stunden neben der Spur beunruhigt dich etwas, baggert einer, beschäftigt dich jemand oder verbringt im Beruf viel Zeit mit dir. Das ist Zeit, in der etwas flirrt, oszilliert, in denen die Unerschütterlichkeit deiner Treue einen Wackelkontakt hat. Manchmal dauert er Minuten, manchmal flackert etwas über Wochen hinweg, plötzlich und unvorhergesehen. Es ist dann, als versetze dir eine innere Hormonnadel eine kleine, gemeine Akupunktur. Und schon steht diese vage oder konkrete Möglichkeit im Raum, irgendetwas Unerhörtes mit irgendjemandem anzustellen, der leider nicht den Namen deines Freundes trägt.

Gelinde gesagt, die Zeit hätte gereicht, um vom rechten Weg abzukommen. Wobei sich die Frage stellt, ab wann man das tut, vom Weg der verabredeten Monogamie abzukommen? Oder, vielmehr noch, ab wann der andere denken würde, du tust es? Für Paul wäre es eindeutig mein Sex mit einem anderen oder wenn ich mich neu verliebte.

Aber Eindeutiges ist einfach. Schwer ist der Rest.

Die meisten Männer waren vornehm und diskret. Sie zogen sich sofort zurück und stellten ihre zumeist zaghaften Bemühungen ein, wenn ihre Signale in mir keinen Empfänger fanden und klar wurde, dass ich vergeben war, wie nur was. Manchmal aber waren die Signalgeber hartnäckig und erzeugten so eine Art Grundrauschen in mir. Eine etwas andere Ausrichtung meiner Antennen hätte dann vermutlich genügt und ...

Da ich aber nicht auf der Suche war und somit nicht auf Empfang, geschweige denn auf Sendung, habe ich mir Männer so sachlich angeguckt wie Frauen auch. Ich habe schon bemerkt, wenn sie schön, witzig und klug waren. So oft gibt es die Kombination ja nicht. Aber ich habe dauernd verpeilt, wenn mich jemand als ein Wesen anschaute, das für etwas infrage kam, ob gleich für einen One-Night-Stand oder auch nur den kleinen Flirt zwischendurch. Spürte ich es doch, fiel der Groschen bei mir derart langsam, das er erst aufschlug, als die Gefahr praktisch vorübergezogen war. Das meinte Milla mit den Scheuklappen.

Ein typischer Nicht-Flirt verlief so, wie mit dem Fotografen, mit dem ich mal ein paar Tage auf Recherche unterwegs war. Das kam öfter vor, Reporterin und Fotograf, aber dieser hier war sehr hübsch und lustig und hatte dabei etwas wunderbar Melancholisches im Blick.

Wir forschten im Schwarzwald einem Verbrechen hinterher. Er war in der Reportage-Arbeit nicht sonderlich bewandert, sondern fotografierte normalerweise Reklame und Mode. Zu Hause, in Hamburg, war er den ganzen Tag von fohlenbeinigen Models und Stylistinnen, schicken Fashion-Redakteurinnen und den kühlen, eleganten Art-Direktorinnen der Werbeagenturen umgeben. Darum kam ich gar nicht auf die Idee, dass ich laufender 1,60-Meter ihm eine nähere Betrachtung wert sein könnte. Vor allem war es mir wurscht, zunächst.

Er war 36. In dem Kriminalfall, den ich recherchierte, ging es um Liebe und Betrug, um Mord und verlassene Kinder. Darum fand ich nichts dabei, als der Fotograf anfing, mir von seiner Freundin zu erzählen, seinen drei Kindern mit ihr und dass er wieder mit dieser Freundin zusammen sei, nachdem er sie betrogen hatte und es eigentlich schon aus gewesen war. Und wie schön er es zwar finde, sie zu lieben, und wie schwer er es aber einsehe, warum er keine andere mehr berühren solle.

Meine küchenpsychologische Theorie dazu war, man könne nicht alles haben, denn alles zu haben, mache einen nicht reich. Mit einer Neuen käme womöglich wieder die Liebe, und mit der Liebe kämen wieder die gleichen Probleme. Er sagte, so einfach sei das nicht. Ich zuckte die Schultern und stellte auf Durchzug.

Der Fotograf und ich hatten uns zwei Abende, drei Mittagspausen und einige Wartezeiten auf Gesprächspartner um die Ohren zu schlagen, drum sah ich mir in seinem Mac sogar Bilder von seiner Freundin an (braunes Haar, wohldosierte Sommersprossen, hellgrüne Augen, lange Beine, hoher voller

Mund, offenbar nennenswerte Brüste), ich sagte über Fotos seiner hollywood-hübschen Kinder artig „süß", obwohl sie mir völlig egal waren, und ging dann wieder meiner Arbeit nach. Er hörte zu, wie ich die Leute befragte. Irgendwie brachte ihn das zum Lachen und zum Staunen. Er lobte mich. Er sah mich länger an. Und länger. Zu lang.

Klingelnd schlug der Groschen auf. In Zeitlupe.

Ich überspielte fortan die Situation und tat so, als merkte ich nichts. Ich war verunsichert. Es war Sommer, und ich überlegte, neben ihm im Mietwagen sitzend, ob mein schmaler Rock zu weit hochgerutscht sein könnte, meine Pantoletten zu frauchenhaft aussahen oder mein Lack auf den Fußnägeln zu grell war oder mein Shirt zu knapp. Ob ich irgendetwas Williges, Billiges ausstrahlte. Ich meine, meine Beine waren nicht lang, meine Augen blau, mein Haar war blondiert und die Füllung meiner Bluse nicht nennenswert. Ich war einfach mal das Gegenteil von der Mutter seiner Kinder und mit 32 auch kein Maikätzchen mehr. Was wollte der? Der wollte doch was? Oder, noch peinlicher, bildete ich es mir am Ende nur ein?

Es lief ein Programm ab, von dem ich glaubte, es im Alter von siebzehn Jahren gelöscht zu haben.

Unsere Wege trennten sich am dritten Tag abends artig und professionell am Flughafen in Hamburg. Ich wich seinem Blick zum Abschied mit viel Geplapper aus und schlug unter unglaubwürdigen Vorwänden das Angebot aus, mich von ihm in seinem Auto heimfahren zu lassen.

Ich dachte danach kaum an ihn. Die Schwelle, hinter der er hätte meine Fantasie anregen können, war eindeutig nicht genommen. Ich malte mir nichts aus und wollte nichts. Ich freute mich nur ein paar Tage lang daran, dass ich einem hübschen großen blonden Jungen im Mannesalter womöglich gefallen haben könnte. Das schadet ja nie.

Wir sahen uns noch einmal wieder, ein paar Monate später, an einem kalten Herbsttag, auf einer Vernissage. Er war ohne eine Frau da und freute sich dezent, aber unverhohlen, mich zu sehen. Ich erschrak, ich hatte nicht mit ihm gerechnet. Ich hüpfte ihm den ganzen Abend über aus dem Weg wie ein scheues Reh nachts aus dem Scheinwerferlicht eines Autos. Es war etwas albern. Als ich mich vor der Zeit vom Gastgeber verabschiedete, war er urplötzlich zur Stelle. Er umarmte mich und küsste mich dabei sachte auf die Wange. Das war übertrieben, das letzte Mal hatten wir uns nicht umhalst.

Man kann darum sagen, das war sein Abschied von der Möglichkeit, mich vom rechten Wege abzubringen. Rotkäppchen hatte dem bösen Wolf eins auf die Nase gegeben. Nur, merke, der Wolf sitzt im eigenen Kopf, immer.

Männer und Frauen, die in einer Fernbeziehung leben, neigen deutlich weniger zum Fremdgehen als Paare, die zusammenwohnen. Sagen Studien und Umfragen. Sagt auch mein Leben. Aber das heißt nichts. Statistik hilft wenig, sobald es individuell wird und konkret. Für Paare, die dabei sind, in zwei Städten getrennt voneinander Karriere zu machen und am meisten Angst davor haben, dass sie einander betrügen könnten, bedeutet das keine Entwarnung. Wer vorher schon Schiss hat, gehörnt zu werden, hat auch vorher schon gute Gründe dafür.

Hinter der angeblich weit verbreiteten echten Treue Fernliebender vermuten Sozialforscher sowieso unromantische Gründe. Menschen wie Paul und ich, analysierten sie, investierten viel Zeit, Geld und Gedanken in den anderen und sparten sich sozusagen für ihn auf. Die Treue, das Zueinanderstehen, der Sex mit nur diesem einen Partner seien eine Art Belohnung für das Investment.

Eine Fernbeziehung, darf man frei übertragen, ist also so

sicher wie ein Bausparvertrag, garantierter Zins, garantierter Kredit. Keine spekulativen Optionen, kein Thrill.

Soweit die Theorie. Aber die Praxis?

Meine Vorstellungskraft von Toleranz gesprengt hat die Geschichte von Lukas, und seine auch. Er ist von seiner langjährigen Gefährtin derart betrogen worden, wie man das so schlecht nur aus simpel strukturierten Vorabendserien kennt: jahrelang, mit wechselnden Männern, und gemeinsame Freunde wussten es auch noch.

Lukas und Jana hatten sich an ihrem ersten Tag in München kennengelernt, mit 19. Sie kamen beide aus Thüringen und studierten Jura. Jana war sehr schön, laut und üppig, und Lukas war sehr groß, klug und voll leiser Ironie. Das war auch ein wenig ihre Rollenverteilung, the Beauty and the Brain. Lukas wurde ein ehrgeiziger Anwalt und fing in einer internationalen Kanzlei in Berlin an, so lernte ich ihn während einer Recherche kennen. Jana vergeigte das zweite Staatsexamen so oft, bis sie sich nur noch als einfache Juristin bei einer Versicherung einstellen lassen konnte, in München. Sie pendelten. Sie sahen sich, so oft es Paare zwischen München und Berlin eben hinkriegen. Manchmal fuhr er allein ein paar Tage nach New York für Vertragsverhandlungen eines großen Klienten, und manchmal fuhr sie ohne ihn, aber mit einer Freundin eine Woche Ski in St. Anton.

Die Freundin war, wie sich später herausstellte, leider ein Freund. Der Ski-Freund wusste nichts von Lukas in Berlin. In München kannten Janas neue Kollegen Lukas gar nicht. Sie dachten der Ski-Mann, ein Finanzmakler, sei Janas Verlobter.

Aber Janas beste Freundin wusste genau, wer wer war. Und Lukas' bester München-Freund wusste das auch. Sie sahen, was Jana trieb, ein Doppelspiel, seit Jahren. Der Finanzmakler war nicht der erste. Aber sie sagten Lukas nichts. Sie trauten sich nicht, oder was auch immer. Sie gaben Jana sogar Alibis, obwohl sie sonst keine schlechten Menschen waren.

Warum machen Freunde das? Weil sie feige sind? Weil sie hoffen, ebenso gnädig behandelt zu werden, kämen sie in eine vergleichbare Lage? Diese Art von Großzügigkeit ist wie eine Splitterbombe. Hinterher sind alle schwerverletzt.

Kurz vor seinem 31. Geburtstag wachte Lukas in der Nacht auf und hörte Jana im Nebenzimmer telefonieren. Aufgeregt, flüsternd, beschwichtigend, weinend. Es war fast zwei Uhr. Als er fragte, wer das gewesen sei, versuchte sie es erst mit Ausreden. Schnell nicht mehr. Sie sagte die Wahrheit. Ihm wurde schlecht.

Zwei Monate zuvor hatte er ihr einen Heiratsantrag gemacht, nach elf Jahren. Dabei hatte sie geweint. Er dachte, vor Glück. Zwei Monate nach der Nacht sagte er zu mir: „Mir tut es vor allem um die schöne Zeit leid, die ich verloren habe. Zwei, drei Jahre eher, das wäre gut gewesen."

Jana war er los, seine alten Freunde legte er ab.

Dagegen waren meine Nicht- und Halb-Flirts natürlich Kindergarten. Nachdem ich Milla von meiner Verwirrung mit dem Fotografen erzählt hatte, lachte sie nur spöttisch und sagte: „Das ist aber eine niedliche Geschichte. Eine Kollegin von mir weiß schon nicht mehr, welches Hotel sie mit ihrem Lover noch nehmen soll, damit ihre Affäre nicht auffliegt. Und du kriegst rote Bäckchen von 'nem Wangenkuss. Och Gottchen, nee!"

Sie arbeitete gerade an einem Drehbuch über einen modernen „Reigen" und sammelte jede Anregung. Sie drückte mir den neuen Philip-Roth-Roman in die Hand und empfahl mir, die Rabitt-Reihe von John Updike noch einmal quer zu lesen, damit ich mich erinnerte, was die wirklichen Abgründe unserer sich neigenden Jugend, unseres mittleren Lebensstandards und unserer mittleren gutbürgerlichen Sorgen sind. Sie sagte: „Wir kommen jetzt in das Alter von Updikes Figuren, du weißt schon, Seitensprünge und Frauentausch." Ich sagte: „Nee, weiß ich nicht. Aber ich weiß, dass unsere Männer Gott sei Dank noch nicht so alt, impotent und notgeil sind, wie die bei Roth." Sie grinste.

Alle denken bei Betrug an Fremdsex. Aber dass Betrug beim Geschlechtsverkehr anfängt, ist eine Erfindung der Kirche und eine ihrer besten. Denn sie lässt dem Flirt Raum. Der Schauspieler Bud Spencer hat gesagt: „Wenn sich etwas Körperliches abspielt, ist das nur der letzte Schritt in einem längst ablaufenden geistigen und emotionalen Prozess – Treue ist ohnehin eine Illusion."

Da Liebe auch eine Illusion ist, muss man die Lebensweisheit des Schauspielers gar nicht als globalen Freibrief für Promiskuität missverstehen. Man kann sie lieber als guten Rat nehmen: Für mich bestand das Geschick darin, jedweden „längst ablaufenden geistigen und emotionalen Prozess" zu steuern und ihn, falls es Not tat, zu stoppen, was selten vorkam. Aber es gab Gelegenheiten, die selbst ich nicht verkennen konnte. Oder nicht verkennen mochte.

Wenn du unter einem herrlichen, sternenklaren Nachthimmel in Berlin-Mitte sitzt und mit einem attraktiven, klugen und charmanten Kollegen trinkst und plauderst und plauderst und trinkst und keine Ende findest, und seine Frau ist weit weg, und dein Freund ist weit weg, und keiner von beiden hat vor, die Frau oder den Freund infrage zu stellen oder gar zu verlassen, und beide wissen, keiner würde merken, ginge man jetzt noch auf einen Kaffee zu ihm oder zu dir ... Die erste Kälte des Herbstes kriecht aus dem Asphalt der Auguststraße, er legt sein Jackett um deine Schultern. Und noch eine Anekdote und noch eine Lästerei und noch ein Drink. Gekicher, Vertrauen aus dem Nichts, Komplizenschaft blitzschnell. Glanz in den Augen, in seinen, in deinen. Ist es nur der Schwips? Der Alkohol lockert, löst, frohlockt. Der böse Wolf ist wieder in deinem Kopf zu Gast, er tollt herum, er will dich vom rechten Weg abbringen und flüstert: Was ist schon ein Kuss, ein Kuss, ein Kuss? Du lachst lauter und redest mehr, um den bösen Wolf zu übertönen, zu überhören, maultot zu machen. Aber er raunt lauter und lauter.

An dieser Stelle des Abends habe ich gezahlt, bin nach Hause gegangen und das allein, immer. Einerseits tat ich das auch, weil die in Rede stehenden Männer artiger handelten als ihre unternehmungslustigen Blicke verrieten. Andererseits tat ich das vor allem, weil es mir das nicht wert war, für eine schnelle und nur mutmaßlich heiße Nummer meine große, warme Liebe zu riskieren. Mal ging ich beschwingt heim, mal irritiert, mal fragte ich mich, bockig: Muss man denn immerzu vernünftig, artig, zivilisiert sein?

Spätestens am nächsten Morgen war ich heilfroh, so heilfroh: Ein Seitensprung nach dem Motto, Gelegenheit macht Diebe? Das wäre armselig gewesen und bestimmt eklig. Fand ich. Andere nennen mich brav. Egal.

Was übrig blieb von diesen flirrenden mehrdeutigen Situationen am Rande der Beziehungslegalität ist ein Strahlen, eine Quantum Lust, eine heimliche Erinnerung an etwas nicht Getanes. Das sind alles Dinge, die keinen etwas angehen, nicht mal den eigenen Mann. Manche schlagen Funken daraus, tragen sie nach Hause und entfachen ein Feuerchen auf der heimischen Matratze. Ich habe die Funken lieber ausgetreten, weil mir die falsche Hitze trügerisch vorkam. Alles Ansichtssache, aber nicht verboten.

Milla war in diesen Dingen etwas handfester. Carsten und sie führten nicht das, was andere eine offene Beziehung nennen. Dazu fehlten ihnen, wie uns auch, die Lust, die Leichtfertigkeit und die Chuzpe. Aber sie hatten beide mehr als nur zur Seite geschaut, mindestens einmal. Er wusste nichts von ihrer kurzen Affäre mit einem schönen, aber dummen Kameramann, sie sehr wohl von seinem One-Night-Stand mit der Litauerin – er hatte es ihr selbst erzählt. Die Kunde davon hatte sie keineswegs glücklich gemacht, aber sie auch nicht um den Verstand gebracht. Nach einer Phase der Wut sah Milla Carstens Ausscheren als das, was es war, eine Verzweiflungstat mit geringer Wiederholungsgefahr.

Sein Seitensprung hatte einen Vorlauf. Milla hatte schon ein Dreivierteljahr in München gewohnt und Carsten intensiv bearbeitet nachzukommen, was dazu führte, dass er sich immer mehr einigelte. Die große Liebe bekam zunehmend kleine depressive Züge. Auf ihren Reisen in ferne Länder nahmen sie sich Auszeiten von ihrer Krise und kamen beseelt zurück. In Deutschland stritten sie oder schwiegen sich an. Als Helene Milla riet, Carsten zu verlassen, hätte Milla ihr beinahe die Augen ausgekratzt. Das war ein ziemlich sicheres Zeichen dafür, dass sie längst selbst darüber nachdachte.

In jenen Tagen vor dem Seitensprung organisierte Carsten ein großes PR-Event für ein Staatsunternehmen. Das war fürchterlich anstrengend, aber nachher sehr erfolgreich. Ich weiß das, denn ich war für zwei Stunden auf der Veranstaltung. Wer nicht da war, war seine Freundin. Milla war auf Dreharbeiten nach Frankreich gefahren. Sie musste das tun. Aber so, wie er das sah, musste sie immer irgendetwas da tun, wo er nicht war.

So lenkte sich der 42-jährige Carsten im Jahr acht ihrer Beziehung mit einem Klischee von Frau ab, einer 22-jährigen Hostess litauischer Herkunft, die in Berlin Literatur studierte und seinen Anekdoten und Reiseberichten bewundernd gelauscht haben muss, als sei er der liebe Gott. Sie sah aus wie eine Meerjungfrau, nur ohne Fischschwanz. Ihr Haar floss in braungoldenen Wellen über ihren Rücken, sie hatte türkisblaue Katzenaugen, und das wissen wir, weil es im Internet Schnappschüsse von diesem PR-Event gab. Auf einem davon war Carsten mit anderen Geschäftsleuten zu sehen, die Meerjungfrau reichte ihnen mit zu stolzem Blick alkoholfreie Getränke. Spät in der Nacht trank er mit ihr an der Hotelbar Wodka-Cocktails. Und das wissen wir, weil er es Milla alles haarklein gestanden hatte.

Sex hatten die Meerjungfrau und er erst am nächsten Abend, in ihrer Studentenbude im Wedding, ohne Wodka. Alkohol schied darum als Entschuldigung aus, Verzweiflung aber nicht.

Eigentlich war Carsten zum Fremdgehen nicht gemacht. Er wäre lieber treu geblieben. Indem er die Litauerin bestiegen hatte, wurde er vor allem sich selbst untreu. Sein Ausbruchsversuch führte darum geradewegs zu einem Einbruch seiner Verfassung; er konnte Milla eine Weile lang nicht ins Gesicht sehen. Er schämte sich tatsächlich wie ein Kind. Milla probierte ein paar Wochen nach der Sache den Kameramann aus, eher im Trotz. Er hatte sie schon länger angebaggert. Sie stellte bei der Gelegenheit fest, dass der Sex mit Dummen schlechter ist als sein Ruf.

Mit Paul habe ich über meine verwirrenden, verwegenen Momente mit anderen Typen nicht geredet. Ich hätte nicht genau gewusst, was es wert gewesen wäre, das zu erzählen: dass „nichts" passiert war? Was ist nichts?

Wir haben aber durchaus darüber gesprochen, dass das Blöde an unserer Liebe ist, dass wir um ihretwillen auf den wilden, anarchischen, herzrasenden Gefühlssturm verzichten, den nur eine frische Liebe auszulösen vermag. Wir taten auch nie so, als gäbe es nicht andere schöne Menschen links und rechts des Weges. Das wäre sowieso schwer gewesen, denn Paul starrt nicht nur krude Gestalten sehr auffällig an, sondern auch interessante Frauen.

Wir haben da eine Art Ritual. Ich gucke ihm eine Weile amüsiert zu, wie er eine andere ansieht und nicht merkt, dass es jeder merkt. Dann sage ich, bevor er sozusagen sabbert, immer „du starrst". Paul zuckt überrascht, immer, klappt das Kinn wieder nach oben, immer, er grinst und sagt, mit schlecht gespielter Empörung: „Gar nicht!" Und wir lachen.

Ich bin mir sicher, dass er nie eine andere hatte. Wenn ich das Männern (um die vierzig) erzähle, sagen manche mit dem verräterischen Blick der eigenen, anders lautenden Erfahrung: „Du glaubst, was du glauben möchtest." Das ist interessant, weil ich sonst nicht den Eindruck erwecke, als sähe ich die Welt in Rosarot. Ich bin mir einfach nur sicher. Was würde es mir nützen zu lügen? Andere belügen, okay, aber mich selbst?

Man besitzt den anderen nicht. Man sagt „mein" Freund oder „meine Frau". Man gehört zueinander, bestenfalls. Aber man gehört nicht *einander*. Man kann sich vieles erzählen. Aber muss man alles von sich preisgeben? Wo die Schmerzgrenze zu Misstrauen und Verrat liegt, definiert sowieso jeder für sich. Der Toleranzbereich schwankt von Paar zu Paar. Eine Freundin darf und will mit anderen Männern ins Bett, ihr Mann auch mit anderen Frauen, einzige Regel: Sie verraten es einander nicht.

Eine allzu geringe Toleranz kann für eine Liebe auf Distanz zur großen Belastung werden: Eine meiner Kolleginnen rechnet mit ihrem Mann jedes lustige Wort ab, das er mit einer süßen Kellnerin gewechselt hat. Sie wirft ihm jeden längeren Blick vor, den er einer anderen Partygästin schenkt und registriert, mit hartem Gesicht, genau den Hüftschwung, den er beim Tanzen im Club mit einer Fremden riskiert. Zurzeit ist er von seiner Beratungsfirma drei Tage jede Woche in Hamburg eingesetzt, sie telefonieren zwei- bis dreimal täglich zwischen Hauptstadt und Hanse, wobei ich mich frage, womit sie diese ganzen Telefonate füllen, mit Fragen wie: „Und was hattest du so zu Mittag?" Vielleicht braucht sie das, vielleicht will er das, so besessen und bewacht zu werden. Aber ich kenne sonst keinen, der das mag. Abgesehen von Helene, aber die findet sich selbst nicht ganz normal und vernichtet mit ihrer Eifersucht eine Liebesgeschichte nach der anderen.

Du glaubst, was du glauben willst? So leicht ist das nicht.

Entlassen! Champagner!

Ich weiß nicht, hatte ich schon einmal erwähnt, dass ich mit Paul den besten für mich möglichen Mann der Welt gefunden habe? Dass Frau es besser gar nicht treffen kann, jedenfalls eine Frau, die so gestrickt ist wie ich? Ist womöglich kitschig und zu privat die Bemerkung, sorry, war nicht meine Absicht, falls sich jemand fremdschämt. Sollte ich mich doch eines Tages scheiden lassen, dürfte man mir den Satz ruhig unter die Nase reiben, er würde dadurch nicht falsch. Der Liebesanfall kommt mir nur genau jetzt in den Sinn, weil ich an den Tag denke, an dem wir unsere erste Witwe geköpft haben.

Als ich in Berlin meine Korrespondentenstelle bei der Münchner Zeitung verlor und das Procedere ziemlich entwürdigend war für mich und meine Schicksalsgenossen, brachte Paul Freitagabend eine Flasche eisgekühlter „Veuve Clicquot" mit in unser Sommerhaus. Er sagte, „darauf stoßen wir jetzt an. Auf dein neues Leben!"

An dem Flaschenkühler aus Stoff hing ein Werbeheftchen. Darin wurde berichtet, wie die Witwe Clicquot im Jahre 1805, nach dem Tod ihres Mannes, den Cuvée ihrer Kelterei zum Exportschlager machte. Sie war 28 und wurde über die Jahre hinweg zu einer beeindruckenden Geschäftsfrau. Es war eine Kopf-Hoch-Story, schön platt, aber zur rechten Zeit, am richtigen Gesöff.

Wir beschlossen, wenn es ernst wurde, immer eine „Witwe" zu köpfen und keinen anderen Champagner sonst.

Nun ging Paul weder davon aus, dass ich sofort zu ihm zöge, noch fand er meine Arbeit bisher vernachlässigenswert. Im Gegenteil. Er wollte mir und sich einfach Mut machen, uns beiden sagen, dass es weitergehen wird, dass wir das hinkriegen und zwar nicht irgendwie, sondern vielleicht sogar besser als bisher.

Das war natürlich hart an der Realitätsverweigerung. Wir hatten uns gerade das Bauernhaus gekauft und Schulden bis zum Abwinken, aber egal: Es wirkte. Bis zu diesem Abend war es mir schlecht gegangen. Aber nach dem ersten Glas Champagner, nach dieser herrlichen Idee, die Krise dekadent zu begießen und zur Chance zu deklarieren, sie förmlich zu umarmen, fühlte ich mich stark, unverwundbar und sah der Zukunft kühn entgegen: Ich würde noch jeden Drachen töten, pah! Personalabbau! „Betriebsbedingt"! Mich baut niemand ab! Gebt mir ein Schwert!

Zunächst aber drohte der Drache Existenzangst und fauchte fürchterlich. Er spie Feuer und verbrannte ein Gutteil meines Glaubens an die Gerechtigkeit. Und manchmal schnaufte er mich noch Jahre später fies an, aus einem seiner nachgewachsenen Köpfe. Aber die waren nicht mehr so groß und furchteinflößend wie dieser erste damals.

Bevor die Kündigung in Kraft trat, mussten wir gefeuerten Redakteure noch eine Zeitlang weiterarbeiten. Das war bizarr. Denn eigentlich waren unsere Stellen als überflüssig deklariert worden. Bloß meine war nicht überflüssig. An einem Sonnabend in jenen Wochen trat überraschend der Ministerpräsident von Brandenburg zurück. Brandenburg war mein Themengebiet. Ich bekam einen schüchternen Anruf vom Nachrichtenchef der Zeitung, ob ich nicht zum Ort des Geschehens fahren könne? Trotz allem?

Da war ich längst unterwegs. Ein Freund hatte mich informiert, danach hatte ich das Radio angedreht und war, nachdem die Meldung bestätigt wurde, zu Paul in den Garten gelaufen. Er war gerade dabei, eine Schneise in das hohe Gras zwischen unseren alten Obstbäumen zu mähen, als Weg. Es roch wunderbar. Es war Juni. Wind, Wolken und Sonnenlicht spielten miteinander im blauen weiten Himmel. Unsere rare freie Zeit lief ab. Er sagte: „Was für eine Scheiße. Da musst du los, was?"

„Ja, muss ich, obwohl ich keine Ahnung habe, warum ich immer muss, muss, muss, wenn die nichts müssen!" Ich stampfte und wütete und ruderte mit den Armen. „Die halftern mich da ab, und ich gebe sogar am Wochenende weiter die pflichtbewusste Idiotin. So, als wäre nichts."

„Wo sie dich ja angeblich nicht brauchen. Ach, es ist zu ärgerlich! Ich darf gar nicht drüber nachdenken, sonst ..." (Paul knurrte und dachte laut über Auftragskiller nach.) „Aber, keine Blöße geben! Du bist Profi, du machst dein Ding, und das auch ohne die. Genau darum fährst du ja hin." Wir wussten, dass das ein schwacher Trost war und darum eigentlich gar keiner. Der Hund sprang fröhlich um uns herum, er hatte ja keine Ahnung.

Ich hatte wie immer Notfallkleidung dabei, und so zog ich zerschlissene Jeans, Tanktop und Sandalen aus und Nadelstreifenrock, Bluse und Pumps an und fuhr dreieinhalb Stunden über Landstraßen zu diesem Provinzparteitag mitten in der Pampa, zu diesem alten Mann, der keine Lust mehr hatte, sein Land zu regieren und daraus aber noch eine Inszenierung machte.

Der Nachrichtenchef am Telefon in München fiel mit dankbaren Worten sozusagen vor mir auf die Knie, als er hörte, dass ich schon in der Spur war. Ich schrieb am Sonntag eine Nachricht für die Seite Eins, ein Feature für die Zwei und ein langen Kommentar auf der Meinungsseite. Die überflüssige Korrespondentin erklärte ein paar hunderttausend Lesern die kleine Welt von Brandenburg. So, als wäre nichts. Paul taufte den Weg durchs Gras unseres Gartens „Dr. Manfred-Stolpe-Gedenk-Weg". Heute ist er zugewuchert wie eine Narbe.

Die Kündigung im Jahr sieben unserer Liebe auf Achse blieb nicht nur Anekdote, sie war eine Zäsur, in mancher Hinsicht. Eine Melange aus Wut, Überarbeitung, Erfolg, neuen Schmeicheleien, altem Lob, bitterem Ernst, aus Spaß, Frust, großer Sorge und zaghafter Zuversicht stritt und wogte und tobte in mir. Ich rief mir wechselweise zu: Ich bin doch schon dreißig! Ich bin doch erst dreißig! – Ich weiß nicht weiter! Alles wird besser! – Wir machen ein Kind! Nein, das wäre die Falle! Lieber werde ich es denen zeigen!

Noch ein paar Monate zuvor hatte ich Abwerbungsversuchen anderer Verlage widerstanden und zu meiner Zeitung gehalten, mich sozusagen neu für sie entschieden. Und jetzt sollte ich in ein paar Monaten auf der Straße sitzen? Da stimmte doch etwas nicht!

Es stimmte wirklich vieles nicht. Aber das änderte einfach nichts an den Tatsachen: Ene, mene muh, und raus bist du!

Ein Bruch im Berufsleben, der gegen den eigenen Willen geschieht, stellt in einer Fernliebe viel mehr infrage als nur die Karriere. Es geht um das ganze Modell. Ich war ja nicht, wie eine chinesische Wanderarbeiterin, nur darum in die Ferne gezogen, um irgendwie zu überleben mit irgendeiner Arbeit, Hauptsache, sie brächte etwas Geld, Nahrung und eine trockene Schlafkoje. Ich war fortgegangen, weil ich anderswo Fähigkeiten und Kontakte gewinnen wollte, die mir zu Hause keiner bieten konnte. Ich war fortgeblieben, weil ich mich nicht irgendwo beweisen wollte, sondern genau da, wo ich jetzt war. Ich hatte mir mit 22 eingebildet, eine Korrespondentin bei genau dieser Zeitung werden zu müssen. Mit 26 wurde ich es und nun, mit dreißig, war ich: am Arsch.

Das klingt hässlich, aber genauso hässlich fühlte es sich in den finsteren Minuten an. Eine meiner Kolleginnen war während ihrer Kündigung in den USA. Der Zeitungsverlag scheute keine Kosten und Anstrengungen, ihr den Blauen

Brief, der nicht blau war, rechtzeitig dorthin zuzustellen. Als sie in den Staaten beklommen erzählte, sie sei soeben gefeuert worden, fragte man sie, wie alt sie sei. 32, sagte sie. Die Amerikaner lachten. „Was, schon? Und erst die erste Kündigung? My Dear, dann wurde es aber auch mal Zeit!"

Diese Leichtigkeit des Seins ging mir leider ab. Ich hätte etwas darum gegeben, ein wenig amerikanisch an die Sache herangehen zu können. Stattdessen stellte ich alles infrage. Wozu zwei Wohnungen? Wozu die ganzen Reisen? Wozu die Fahrerei, die Geduldsspiele im Zug, der lebensbedrohliche Stress auf der Autobahn? Wofür all das Geld, das dafür draufgeht? Wofür die Ausbildung, die Quälereien um den besten Text? Wozu die vielen abgesagten Urlaube, die unzähligen Überstunden? Wofür das Lob, wenn es nachher nichts wert ist? Wozu noch überlegen, ob man je eine Familie haben darf und kann in diesem Job, auf diesem Niveau?

Die Internetblase war geplatzt, der Boom perdu, die Krise massiv. Die Fragen nach dem Sinn des Pendelns häuften sich im Freundeskreis: Wozu eine Fernbeziehung führen, wenn plötzlich deine ganze Managementebene abgeschafft wird oder das spannende Projekt in der größeren Agentur landet oder dein Forschungsteam keine Drittmittel ergattert für die Expedition, wenn die Juniorprofessur an dir vorbeirauscht oder die kinderlose Anwältin bevorzugt wird als Partnerin in der Großkanzlei? Wozu dann noch ein normales Leben mit deinem Mann/deiner Freundin/deiner Frau/deinem Freund entbehren? Wozu zwei Leben in einem führen und sich dauernd halb fühlen, wenn sich das alles gar nicht lohnt?

Vom Köpfen der Witwe Clicquot bis zu meinem Neustart beim Magazin in Hamburg vergingen nur ein paar Monate, aber die fühlten sich doppelt so lang an, auf ungute Weise, zäh und zerpflückt. Wir durchlebten als Paar einen unruhigen Sommer, einen stürmischen Herbst und eine friedlose

Weihnacht. Vorm Tannenbaum, auf den alten Bildern von damals, sehe ich älter aus als heute, viele Jahre später.

Es war, im Nachhinein betrachtet, vertane Zeit. Wir Gekündigten bekamen noch Geld, mussten und durften aber ab einem gewissen Datum nicht mehr arbeiten. Statt wenigstens mal vier oder gar sechs Wochen gar nichts zu tun und mir endlich große Ferien zu verordnen, entwarf und verwarf ich am laufenden Band Lebensmodelle: Frei arbeiten? Wenn ja, für wen? Und von wo aus? Leipzig? Nein! Das wäre Kapitulation. Berlin? Warum noch Berlin? Mitten in der Medienkrise? Sich bewerben? Aber wo? Alle sparen! Wie sollen wir das Haus bezahlen? Irgendetwas muss ich machen! Aber ist für Irgendetwas das Leben nicht zu schade?

Überall entließen Zeitungen Redakteure, die Nachrichtenagenturen schrumpften, Fernsehsender und Buchverlage fusionierten oder zogen um, um dadurch Personal loszuwerden. Werbetexter standen auf der Straße, gute Fotografen überlegten, wovon sie die Miete bezahlen sollten. Meiner Freundin Nadja, die eben noch Zeitschriften entwickelt hatte und zuvor Kulturchefin einer Online-Redaktion gewesen war, fehlte manchmal die Kohle, um Windeln für ihren Sohn zu kaufen. Es war nicht verlockend.

Ich saß auf dem Arbeitsamt Berlin Süd-Ost, das damals noch so heißen durfte, wie es sich anfühlte, wie ein verdammtes deutsches undurchdringliches Amt, das Arbeit nur schaffte für seine eigenen Angestellten, von denen es zu viele gab, die unglaublich langsam und lustlos über die Flure schlurften. In meinem Fall sahen sie auch noch ungepflegt aus und sprachen undeutlich, ich schwöre!

Mir verschaffte das Amt natürlich keine Arbeit (ich hatte nicht eine Sekunde damit gerechnet), aber es fraß mir Zeit, Energie und den letzten Glauben an eine gewisse Leistungsfähigkeit staatlicher Behörden weg wie ein Monster. Und dabei war ich dort nur an drei Tagen meines Lebens. Ich lernte, gequält von der Ungeheuerlichkeit, dass ich von meinem Arbeitslosengeld Kirchensteuer zu zahlen hatte, obwohl ich mein ganzes Leben keiner Kirche angehört hatte. Wem dabei nicht das Wort Mafia in den Sinn kommen musste, der war hirntot. Ich hätte zu gerne darüber geschrieben, aber das ging ja gerade nicht!

Es soll heute in den „Arbeitsagenturen" im Umgang mit den „Kunden" besser geworden sein. Kann sein. Aber damals, das war Kafka.

Ich überlegte, was für die Freiberuflichkeit spräche. Die Nachteile waren mir geläufig. Der miserable und unregelmäßige Verdienst und die Hochnäsigkeit, gleichzeitige Feigheit und Unzuverlässigkeit mancher fest angestellter Redakteure, mit denen man es nachher zu tun hätte – die Schauergeschichten von Nadja, Marina und Judy darüber hätten Bände füllen können.

Dafür, frei zu arbeiten, hätte das Ungebundensein gesprochen, die relative Freiheit und Selbstbestimmung, die Möglichkeit für Medien zu arbeiten, die mich interessierten und das in Sujets, die in der Zeitung stiefmütterlich behandelt worden waren. Und dafür hätte vor allem gesprochen, dass Paul und ich eine Familie hätten gründen können, wenn wir wollten und wann wir wollten, ohne Taktiererei und ohne Sorge, dadurch meinen Job zu riskieren, denn der war sowieso weg. Wir hätten uns sehen können, wann wir wollten, einfach so und, völlig verrückt, sogar zusammenziehen! *Imagine*!

Allein – die Suggestion von der großen Chance zur großen Unabhängigkeit funktionierte einfach nicht. Noch nicht, nicht damals. Alle paar Tage holte mich der Katzenjammer ein, ich empfand die Ungerechtigkeit als zu groß. Ich hatte das Gefühl, ich würde den falschen Leuten zur falschen Zeit Platz machen. Es war, als habe man eine Hundertmetersprinterin auf dem Weg zu Gold kurz vor der Ziellinie zum Stolpern gebracht, mit einem unsichtbaren Fallstrick. Ich sollte aus der Wertung fallen, aber das wollte ich nicht. Natürlich nicht. Es war unlogisch. Ich hatte noch die ganze Energie in mir, den ganzen Stolz, das ganze Training. Ich war konditioniert, auf den Job, auf Erfolg, auf die Branche und ihre Reflexe. Da kommt man nicht einfach herunter und macht: Ommmmm!

Als ich wieder einmal zu Tode betrübt war, fasste ich mir darum ein Herz und rief einen Mann in Hamburg an. Heute ist er ein Freund geworden, damals kannte ich ihn nur von einem längst vergessenen Praktikum in den Neunzigern. Der Kollege arbeitete als Reporter bei einem Magazin, er war dort über die Jahre eine Art Star geworden. Ein paar Monate zuvor hatte er mich angerufen, um mir zu einer gelungenen Reportage zu gratulieren, einfach so, obwohl wir uns Jahre nicht gesprochen hatten. So generös sind nicht viele in meinem Metier. Er hatte gefragt: „Willst du nicht zu uns kommen?" Ich hatte geschmeichelt abgewehrt. Ich fühlte mich fest im Sattel.

Jetzt kam ich angekrochen, ohne große Hoffnung. Ich wählte seine Nummer. Er ging sofort an den Apparat. Er hörte zu und sagte: „Ich glaube, es gibt nichts." Pause. „Oder? Nee, warte mal! Ich weiß was. Aber das wäre, wenn überhaupt, in Hamburg." Ich sagte: „Macht nichts, damit habe ich gerechnet." Er versicherte mir, sich sofort zu kümmern.

Weil man in meiner Branche oft nicht hält, was man verspricht, wartete ich skeptisch ab, ob er wirklich seine Chefs fragen würde. Er tat es, sogar schnell. Zwei Tage später rief er zurück. „Es gibt vermutlich einen Job, und sogar einen, der genau zu dir passt. Hör zu ..."

Pah! Ha! Na also! Ich hatte dem Drachen den Kopf abgeschlagen! Mein Schwert blinkte bluttriefend in der Sonne. So in etwa muss ich jedenfalls ausgesehen haben, als ich Paul davon erzählt habe, randvoll mit Adrenalin und kampfeslustig.

Noch mal Hamburg? Wieder 400 Kilometer? Jede Normalität vertagt auf unbestimmte Zeit? Es gab keine Diskussion. Paul sagte nur: „Na klar gehst du. Guck dich mal an!" Er grinste: „War ja nicht mehr auszuhalten, dein Gejammer."

Drei Wochen später stellte ich mich in Hamburg vor, an einem Freitag, den 13. Aber mir konnte nichts mehr passieren, denn ich hatte schon am Tag zuvor, einem Donnerstag, den 12., meinen neuen gebrauchten Ford in Berlin zu Schrott gefahren und drei andere Autos gleich mit. Ich hatte so viel gezittert vom Schock nach dem Crash, dass ich jetzt die Ruhe selbst war.

Meine Mutter chauffierte mich sicherheitshalber nach Hamburg. Wir parkten an den Landungsbrücken. Ich verschwand im Verlag, und sie lief die Stadt ab, bei minus fünf Grad. Sie fror, war aber zu nervös, um in ein Café zu gehen. Leider dauerte es drei Stunden, bis ich sie erlösen konnte. Sie und mich und Paul und unsere ganze verspannte Lage damals. Denn: Sie wollten mich. Sie hatten mich darum gleich zur Chefredaktion geschleppt. Es war nicht zu fassen! Mitten in der Medienkrise!

Mein Zeitungsfreund Mark sagte, hell auflachend: „Ist ja geil, die werden sich schwarz ärgern in München, wenn sie das hören!" Der Gedanke war billig, aber er gefiel mir.

Natürlich hatte Mark das überbewertet. Und ich sowieso. Ich musste erst noch ein bisschen erwachsener werden, um zu begreifen, dass die Zugehörigkeit zu einem großen Apparat an sich keinen Vorteil bringt, wenn der Preis dafür peu à peu so hoch steigt, bis er eines Tages in keinem Verhältnis mehr zu seinem Gegenwert steht.

Aber dieser Tag war nicht jetzt. Jetzt war alles gut. Jetzt packte ich meine Koffer; ein Umzugsunternehmen packte meine Möbel in Berlin ein und in Hamburg wieder aus; man schraubte mir die Lampen an und hängte die Vorhänge auf, und ich musste das nicht bezahlen. Mich erwartete eine tolle Redaktion. Ich würde nicht mehr Nachrichten und Kurzkommentare im Akkord hacken und die großen Geschichten nach Feierabend schreiben müssen, sondern könnte mich in komplexe, brisante Themen knien. Es war sogar ausdrücklich erwünscht.

Zuhause köpften wir wieder eine Witwe. Und lachten übers Leben. Wir badeten im Drachenblut. Unverwundbar.

Meine Wohnung in Berlin, die Paul und mir über fünf Jahre lang Heimat und Liebesnest war, gab ich leichthin auf, ohne Wehmut zu empfinden. Das irritierte mich. Wir hatten hier auf dem Balkon gesessen, mit den Kirschen und den Socken an den Ohren, und einander die Zukunft versprochen. Unser junger Hund wäre auf der achtspurigen Straße hinter meinem Block beinahe ums Leben gekommen, als er sich allein auf den Weg in den Plänterwald machen wollte. Und die dröhnend laute Party zu meinem 29. Geburtstag wurde, gelinde gesagt, polizeilich registriert. Wir hatten in meiner selbst zusammengezimmerten Küche jenes erste Weihnachten verbracht, das wir nur zu zweit feierten. Es hatte Hummer gegeben, der ohne das richtige Besteck schwierig zu essen war, und es hatte draußen so viel geschneit, wie es das sonst an Heiligabend nur in Märchenfilmen tat. Wir hatten hier ein paar Tage nach meiner Kündigung als Erstes einen größeren Fernseher gekauft, im Vollbesitz unserer zynischen Kräfte. Zum sozialen Abstieg in die Unterschicht, befand Paul, „gehört nämlich eine größere Mattscheibe. Du hast ja jetzt viel Zeit."

Und nun war mir die Bude egal?

Dass ich nicht sentimental sein konnte, war Prägung und Berufskrankheit, schon klar. Aber diese gewisse Taubheit, die sich gegenüber den Dingen und Städten eingestellt hatte, wuchs. Es war mir gleichgültig, dass ich eine neue Wohnung brauchte. Es war mir gleichgültig, das ich die alte aufgeben musste. Es war mir gleichgültig, als meine Mutter die Dreiraum-Wohnung meiner Kindheit im Plattenbaugebiet verließ, in der ich zwölf Jahre lang gelebt hatte und erwachsen geworden war. Ich fand es richtig: nichts wie weg dort! Und dachte keine Sekunde mehr mit Wehmut daran.

Ich hatte nicht mehr die Gabe innezuhalten. Ich war mit dem neuerlichen Wechsel nach Hamburg dabei, ortlos zu werden und dadurch auf gewisse Weise haltlos. Ich spürte, Heimat würde nie mehr eine Stadt sein, in der ich wohne, sondern ist über die Jahre hinweg der Ort geworden, an dem der andere auch sein kann. Heimat war sein Loft in Leipzig, unser Hof in Brandenburg, die Ferienwohnung an der Ostsee, das Hotelzimmer in Barcelona. Der Nachteil war, dass alle Orte sich in ihrer Gewichtung annäherten. Sie waren gleich bedeutend oder gleich egal. Das Bauernhaus rangierte in der ersten Zeit nur unwesentlich über meinem eilig ausfindig gemachten Apartment in Hamburg und das wiederum nur knapp über dem für zwei Wochen gemieteten Ferienhaus in der Provence. Heimat war kein Fleck Erde mehr, sondern ein Gemisch aus Gegenständen und Situationen geworden, aus Klamotten, Kulturtaschen, Lieblingsrestaurants, Düften, Ritualen, Familiengeschichten, Stress, Pflichten, Reisen, Partys und sich überlagernden Erinnerungsfetzen. Diese Lebensmischung sortierte sich allein durch meine Zwänge im Job, diesem andauernden Freitagabend-bis-Montagfrüh, und ließ sich auf Dauer nur durch adäquate berufliche Herausforderungen rechtfertigen, zeitlich, wirtschaftlich, emotional.

Freunde und Kollegen und Themen sprangen auf unseren Zug durch die Zeit auf und wieder ab. Und wir sprangen auf ihre Züge auf und wieder ab. Man traf sich, man verlor sich.

Ich hatte Mühe, wenigstens Milla, Helene, meine Cousine oder meine Mutter nur halb so oft zu sehen, wie ich wollte. Ereignisse verschwammen. Hatten wir Silvester 2004 zu Hause bei Mark in Mitte verbracht oder in dem Club im Wedding oder beim Tanz in der „Volksbühne", in der Villa am Zeuthener See oder bei der Motto-Party in unserem Landhaus, die trotz unserer Abscheu gegenüber Kostümfesten einfach nur herrlich war? Keine Ahnung mehr.

Ich begann, Paul um seine Sehnsucht nach Heimat zu beneiden, für die ich ihn früher bedauert hatte. Er war als westdeutsches Scheidungskind mit zwölf Jahren in überteuerte Internate abgeschoben worden und abgehärtet von unzähligen Umzügen, Wechseln, Rauswürfen, Enttäuschungen und Fluchten, die daraus folgten. Als seinen Schwestern und ihm noch das geliebte Ferienhaus seines gestorbenen Vaters abhandenkam, durch eine Erbstreiterei, drängte es ihn, sich endlich etwas Eigenes zu schaffen. Etwas, das ihm keiner mehr nehmen konnte.

Die hohen Wärmeverluste seiner Kindheit schlugen sich bei Paul, sozusagen umgekehrt proportional, in einer umso größeren Affinität zur eigenen Scholle nieder.

Unser rotes Backsteinhaus auf dem kargen brandenburgischen Sandacker verband sich für Paul Monat um Monat mehr mit dem Gefühl, eine neue Heimat gefunden zu haben. Ich dagegen mochte den Hof zwar auch und liebte die Zeit dort. Hätte ich ihn aber verlassen und aufgeben müssen, aus welchem Grund auch immer, hätte mich das nicht verletzen können. Oder verletzten dürfen. Solange wir keine Kinder hatten, wollte ich ein Haus hinter mir lassen können wie der Agent auf der Flucht.

Da war eine Brandmauer um mein Herz entstanden, auch die hatte etwas mit der Entlassung im Jahr sieben zu tun. Und dagegen half kein Champagner.

Das Ende einer Dienstfahrt
(die Sinnfrage)

Anderswo wüten Kriege, morden Diktatoren und verseuchen Überschwemmungen das Land. Du selbst schreibst dauernd über die dunklen Seiten des Lebens, über geschändete Kinder, schwerverletzte Soldaten und zu Tode gequälte Hilfsarbeiter. Und jetzt heulst du, weil dir diese Kleinigkeit widerfährt? Come on!

April, ein Freitag (was sonst), 22.20 Uhr, Berlin-Ostbahnhof. Finster, kühl. Ich war zwei Stunden später als geplant aus Hamburg losgefahren. An mir lag es nicht. Der ungehobelte alte Redakteur, der meinen Text auf seine Fakten hin prüfen sollte, war nur leider in die Kantine verschwunden, für über eine Stunde und als erste Amtshandlung nach seinem Dienstantritt um 16 Uhr. Er hatte zu diesem Zeitpunkt der Woche etwa dreißig Arbeitsstunden hinter sich, ich etwa 48 und an diesem Tag keine Zeit zum Mittagessen gehabt. Er aß sich satt, ich wartete. Mein Text lag schon seit zwei Tagen vor. Es hätte alles längst erledigt sein können. Darum hatte ich Krach geschlagen. Aber er hatte mich spüren lassen, dass er am längeren Hebel saß: indem er mich noch länger warten ließ.

Entrüstet war ich zum nächstmöglichen Zug gerannt – und verpasste ihn um drei Minuten. Dieser ICE war, anders als in den anderen 99 Prozent der Fälle Freitagabend in Hamburg, pünktlich gestartet. Und so hatte ich mir, im Lautsprechergedröhn und Bremsengequietsche, neben den Eisenträgern voller Taubenkacke, matschiges, scharfes Asia-Fastfood reingewürgt, stehend auf dem Bahnsteig natürlich, denn es gab nach wie vor keine Bänke zum Sitzen für die Hunderte von Pendlern.

Der nächste war ein Ersatzzug. Er kam eine halbe Stunde später, als der Fahrplan versprach, in Berlin an. Ich war zu meinem dunklen, unsicheren, aber legalen Parkplatz gelaufen, mit Sodbrennen von der Asia-Pampe in der Kehle und der Erschöpfung der letzten Tage in den Gliedern. Der Rollkoffer ratterte.

Ich wollte in mein Auto umsteigen; es wären nur noch fünfzig Minuten bis zum Wiedersehen mit Paul gewesen. Er hatte sicher den Kaminofen schon geheizt. Und davor würde ich vielleicht noch etwas mit ihm sitzen und plaudern und dazu einen Schoppen Roten trinken, von diesem samtigen „Malbec".

Aber, was war das? Oh, nein! Nein, nein, nein! Bitte nicht! Eine Straßenlaterne beleuchtete fahl orange den linken Vorderreifen meines Toyota. Platt. Platt! Jemand hatte mir den Reifen zerstochen; der Schnitt war deutlich zu sehen. Und alles brach über mich herein. Hier kauerte ich und konnte nicht anders: Ich heulte wie ein verlassenes Kind.

Milla hat das Gefühl von uns verfrorenen, übermüdeten, heimatlosen Pendlern einmal mit den Worten umschrieben: „Da denkt man einfach nur noch: Keiner liebt mich." War das nicht paradox? Da reisten wir viel beschäftigten Frauen über dreißig, gut ausgebildet, gestanden und gefragt, hin und her und her und hin, um unseren Liebhaber und Freund zu treffen – und hatten gleichzeitig das Gefühl, von der Welt und dem Leben ausgespien worden zu sein, furchtbar allein zu sein, vergessen und verstoßen.

Es versteht sich von selbst, dass mein Handy alle war. Im Ersatzzug hatte es nämlich keine Steckdosen gegeben.

Abgesehen davon ging der Abend der Erniedrigungen weiter. Vor dem Bahnhof standen circa zwanzig Taxis. Nach dem elften hörte ich die Fahrer auf zu fragen, ob sie mir helfen könnten, den Reifen zu wechseln, gegen Geld natürlich.

Keiner sah sich in der Lage. Währenddessen stieg kein einziger Fahrgast in ihre Karossen, denn es kamen keine Fernzüge mehr an.

Berlin hat durchaus seine Kehrseiten, eine davon sind seine Taxifahrer. Sie sind wahre Rotzlöffel.

Ich taperte zurück zu meinem ramponierten Auto, kramte in meinem Rollkoffer und tauschte meine Absatzschuhe gegen meine „Asics" aus. Ich lief zur 600 Meter entfernten Tankstelle. Ein junger Angestellter erbarmte sich meiner und tauschte das Rad. Das Ersatzrad zwang mich, nur achtzig zu fahren. Gegen ein Uhr nachts, der Sonnabend war angebrochen, kam ich im Dorf an. Paul schlief schon, im Ofen züngelte ein Feuer in seinen letzten Zuckungen.

Auf dem Weg aufs Land hatte ich die Gute-Nacht-Musik auf „Radio Eins" gehört und hätte Zeit gehabt, meine Wut zu kanalisieren. Und zu überlegen. Ich dachte aber nicht viel, ich dachte nur Sachen wie: Das tue ich mir nicht mehr lange an! Das habe ich nicht mehr nötig! Ich verkaufe hier nicht nur meine Arbeitskraft, ich verkaufe auch mein Leben! Es ist entwürdigend! Es reicht! Plus-Minus stimmen nicht mehr! Zu viel Minus! Viel zu viel Minus!

Darüber wurde ich leider noch wütender.

Wie konnte das denn sein? Während feiste Hanseaten kurz vorm Vorruhestand ihre bürostuhlgeschwächten Hintern gemütlich in Kantinen schleppen und dafür mehr Geld kriegen als du, rennst und rast du quer durch die Republik zu Zügen, Mietautos, Interviews, Tatorten und Informanten, schreibst Nächte durch, den Rückenschmerz ignorierend? Während sich verkokste „Moderatorinnen" genannte Journalisten-Darstellerinnen in geliehenen Designer-Roben ausgeruht neben deinen Chefs auf den fetten Empfängen der Verlage tummeln, musst du praktizierende Journalistin nachts Reifen wechseln, um ein paar rare gemeinsame Stunden mit deinem Lebensmenschen zu erhaschen? Während deine Vorgesetzten ihre Kinder Montagmorgen entspannt mit Küsschen in die Schule verabschieden (um sie von ihren nichtarbeitenden Gattinnen nachmittags abholen zu lassen), sitzt du scheintot im Schnellzug und ärgerst dich über penetrante Schaffner und hast keinen Schimmer, wie du unter diesen Umständen je eine Familie haben sollst?

Ja, ja, du hast es nicht anders gewollt! Aber *so* hast du es *nie* gewollt. So nicht. Jetzt reicht es!

Ich kannte mich einigermaßen gut. Ich wusste, zuallererst musste ich mich mal beruhigen. Von einem um sich schlagenden Gedankenungetüm zu einer wohlüberlegten klugen Strategie braucht es Nerven, Zeit, Pauls Rat und Mut, um sie geschickt umzusetzen.

Uns war lange nicht klar, wie wir der Fernbeziehung ein Ende setzen könnten. Ein solcher Beschluss ist schwierig, wenn es dafür keinen Grund gibt, keinen offensichtlichen, meine ich, wie einen sich rundenden Babybauch oder einen großartigen Job für beide in derselben Stadt. Wir wussten nicht richtig, wie man es anstellen könnte, zueinander zu kommen. Paul konnte nicht weg aus Leipzig, das war über die Jahre hinweg klar geworden. Ich konnte in Leipzig nicht das finden, was ich suchte. Und vor allem, wir wussten nicht einmal, ob wir das überhaupt wollten: zusammenziehen. Und böte ein Baby überhaupt ausreichend Grund dafür? Sollte ich darum meine Ansprüche ändern? Er seine?

Ich wusste dafür jetzt sehr genau, was ich nicht mehr wollte: in der falschen Stadt (Hamburg) sein, auf die richtige Stadt (Berlin) verzichten und vier Stunden lang fahren müssen, um meinen Freund zu sehen. Andere machen ein Coaching, um so etwas herauszufinden. Bei mir reichte der zerstochene Reifen. Zumindest so gesehen war es am Ende ein preiswerter Abend am Ostbahnhof. Der Vandalismus führte geradewegs zur Frage nach dem Sinn – nach dem Sinn, so zu leben: er immer da und du immer hier. Warum? Wie lange noch? Wozu?

Ich besuchte Milla in München, es war noch vor ihrer Schwangerschaft. Sie mixte uns zu starken Sekt-Aperol auf Eis. Und wir berieten, zügig betrunken, wie wir unseren Leben eine Wendung geben könnten. Milla wusste nicht weiter. So kühn, klug und erfolgreich sie mit ihren Filmen war und so überlegen in der intellektuellen Debatte – wenn es ums Private ging, scheute sie sich, die Initiative zu ergreifen. Ihre Produktionsfirma hatte längst eine Dependance in Berlin eröffnet. Als man die Leitung einem Mann anbot, der jünger war als sie und unerfahrener, schmollte sie. „Mir fehlt offenbar ein gewisses Teil zwischen den Beinen", sagte sie, nicht nur zu mir, sondern auch zu ihrem „CEO". Der lachte, denn er war ein cooler Hund, und entgegnete: „Nein, liebste Milla, ich bin froh, dass du eine Frau bist, und ich brauche dich hier in der Zentrale, weil du viel kreativer und stärker bist als Jan. Du wirst im Übrigen auch mehr verdienen als er."

Das hatte die ansonsten schlagfertige und schlaue Milla derart verblüfft, dass sie das Denken kurz einstellte und ihr erst zu Hause auffiel, dass sie a) nur deshalb mehr Geld bekam, weil sie den Mund aufgemacht hatte (was okay ist) und sie b) leider wieder auf absehbare Zeit nicht in Carstens Nähe käme.

Dass Carsten sich weigerte, über einen Umzug nach München überhaupt nur nachzudenken, hatte ich schon erwähnt? Ja, nicht wahr? Bloß hätte er, anders als Paul die Kneipen, sein PR-Büro leicht verlegen können; viele seiner Kunden saßen sowieso im süddeutschen Raum. Er bestritt das auch gar nicht. Er wollte einfach nicht. Ich hätte ihm für seine Sturheit die Pest an den Hals wünschen können. Leider mochte ich Carsten inzwischen ganz gern. Denn er redete mittlerweile, wenn wir alle zusammen ausgingen. Er hatte sich dabei als prächtiger Ironiker entpuppt und als verdammt klug.

Milla sagte: „Ich überlege, mich von ihm zu trennen, wenigstens eine Zeitlang." Sie drehte das todtraurige Gekrächze von Tom Waits leiser, zu dem sie vorhin wie eine fußlahme Ausdruckstänzerin durch ihr Schwabinger Wohnzimmer tanz-geschwankt war.

Ich sagte nichts.

„Sag was. Halte mich davon ab." Ich mixte uns nervös noch zwei Gläser und rief, in die Enge getrieben: „Milla! Ich habe oft die Klappe gehalten, aber dir wird nicht entgangen sein, dass *ich* nicht damit leben könnte, wenn sich mein Typ allen großen Lebensfragen verweigert. Und dann noch durch Schweigen!" Milla heulte nicht, das war nicht ihre Art. Sie wurde nur blasser. Sie sagte: „Du brauchst ja nicht gleich zu schreien." Zu dünn war sie sowieso seit Monaten. „Aber wie macht ihr denn das? Was ist, wenn sie dich nicht aus Hamburg weglassen?", fragte Milla.

„Dann müssen wir neu überlegen und reden", antwortete ich, „und zwar meine ich: wir. Paul und ich. Du weißt schon, das mit dem Mund aufmachen, Stimmbänder benutzen und Worte formulieren." Das war gemein, aber Milla war nicht aus Pappe. Sie lachte.

Ja, wie machten wir das?

Vom schwarzen Freitag am Ostbahnhof im April bis zum Gespräch mit meinem Chef Ende Juli über einen Wechsel zurück nach Berlin vergingen Wochen der Entscheidung, von denen keiner etwas mitbekam, außer Paul und unseren engen Freunden.

Wir verbrachten den Urlaub im Périgord und in der Provence, es war der erste mit Paul über drei zusammenhängende Wochen in meinem ganzen Berufsleben. Das hätte mich wunderbar aufs Neue korrumpieren können: Sonne im

Süden bei voller Gehaltszahlung, während es in Deutschland in Strömen goss. Und wenn man wiederkäme, hätte man noch mal drei Wochen Anspruch auf bezahlten Urlaub im selben Jahr. Das war ich zwar schon seit vielen Jahren gewohnt, aber manchmal fallen einem Dinge erst dann auf, wenn man erwägt, sie aufzugeben. Und überhaupt: die nette Redaktion, die guten Arbeitsbedingungen, die große Marke des Magazins? Trotzdem, ich begann im Kopf einen Plan B zu schmieden. Er war noch nicht ausgereift, damals. Aber er reichte als Ausweg aus dem beunruhigenden Gedanken, in Hamburg womöglich in der Falle zu sitzen.

Ich musste, für den Fall, mein Chef sagte nein, wissen, wie ich damit umgehen würde, was sonst geschehen könnte – ob ein weiteres Dasein im Hamburg für eine Weile irgendwie erträglich wäre oder schnelles Handeln geboten. Es ging nicht darum, trotzig Drohpotenzial zu sammeln, nach dem Motto: Wenn Sie mich nicht ziehen lassen, wechsle ich eben zur Zeitung XYZ! Kleine energische blonde Frauen, habe ich gelernt, kommen im Trotz nicht gut an (große blonde schon eher, habe ich an Milla beobachten können). Nein, es ging um uns, um Paul und mich. Um einen Fluchtweg in unsere Zukunft.

Noch in Hamburg schwante mir, immerzu fest angestellt zu sein bei einer Renommier-Adresse ist zwar eine feine Sache, einerseits. Um aber nicht den ganzen Lebensentwurf von der Entscheidungsmacht Dritter abhängig zu machen, musste ich mich, andererseits, emotional wappnen mit konkreten Alternativen. Sonst wäre ich erpressbar geworden. Und das wäre weder für mich gut gewesen noch für den Geliebten, noch für den Arbeitgeber. Wäre es ganz dumm gekommen, hätte ich am Ende einen gut bezahlten Job in der falschen Stadt, aber keine Beziehung und keine Perspektive mehr. Im *schlimmsten Fall* wäre auch noch der Job weg.

Vor allem wollte ich nicht werden wie einige dieser sonderbaren Gestalten in Hamburg. Es gab in diesem Verlag, neben den netten, auftrumpfenden Immer-hungrig-Reportern und den ehrgeizigen Ich-weiß-was-besser-Redakteuren, den Typus Hauptsache-ich-bin-unter, und das gar nicht mal so selten. So ein Magazin ist da ganz anders als eine Zeitung, aber gar nicht anders als eine Versicherung oder ein Technologiekonzern oder eine Kaufhauskette: Es gibt Angestellte, die versorgen ihre Familien mit ihrem Gehalt, aber sie sehen keine Notwendigkeit mehr darin, im Gegenzug dazu ihre Firmen mit Gehalt zu versorgen. Sie sind ein One-way-System – es geht nur etwas raus.

Die besonders Kunstfertigen unter ihnen haben gleichzeitig die Gabe, den Eindruck zu erwecken, sie seien trotz ihrer Gehaltlosigkeit unverzichtbar. Manche Hauptsache-ich-bin-unters haben darum führende Stellungen inne und sie behalten sie Jahr um Jahr immer und immer weiter. Mitunter werden ihre Abteilungen aufgelöst und neu zugeschnitten und bekommen andere Namen. Aber die Untergeschlüpften bleiben. Was meine Branche angeht, hat man von solchen Kollegen nie einen inspirierenden Vorschlag gehört oder einen tollen Text gelesen. Oder, wenn sie doch mal eine mittelmäßige Story geschrieben hatten, sprachen die Hauptsache-ich-bin-unters so viel darüber und das am liebsten laut mit den Chefredakteuren, wie andere Redakteure nicht über ihre letzten zwanzig viel besseren Texte.

Hielt man dieses Beschäftigungsmodell nur eine Weile lang durch, so lernte ich, hatte man irgendwann ein horrendes Gehalt und galt als unkündbar – weil etwaige Abfindungen jegliches Budget gesprengt hätten. Allerdings waren und blieben solche Kollegen am Ende: Wichte. Es war nicht schön anzusehen.

Ich besprach mich mit Paul, mit Milla, mit Helene. So konfus sie mit ihren Kerlen umging – im Job war Helene kompromisslos und souverän wie eine Sichtbetonwand. Helene hatte als junge Summa-cum-laude-Absolventin in einem namhaften Hamburger Architektur-Büro angefangen und war aufgefallen. Zwei Entwürfe für Bürogebäude und einer für ein Museum, an denen sie maßgeblich beteiligt war, hatten bei internationalen Architekturwettbewerben vordere Plätze gewonnen. Aber man beförderte sie nicht. Sie sei doch erst 27 und solle sich noch ihre Sporen verdienen, befand damals der erratische ihrer beiden Chefs, ein sogenannter Stararchitekt. Darum ging Helene, aber sie ging nicht im Streit, sondern mit einer charmanten Party. Wohin sie denn nun eigentlich wechsle?, fragte der Chef, mit dem feinen Champagner in der Hand, den Helene bezahlt hatte. Sie sagte: „Ich habe noch keine Ahnung." Der Chef lächelte schelmisch wissend, als habe sie schlecht gelogen, und schenkte beiden nach.

Aber es war die Wahrheit. Helene zog damals auf gut Glück zu Freunden nach New York und gab lieber noch einmal die Praktikantin, sie heuerte danach in einem Büro in London an, wo sie anfangs nicht viel mehr war als eine Wasserträgerin (bis man ihr Talent erkannte), und sie hospitierte in Madrid. Der Stararchitekt wollte sie nachher dringend wiederhaben, in besserer Position. Aber Helene dachte nicht daran. Sie war 31, hatte eben den Wiener Schriftsteller mit Liebe zum englischen Landhaus abgelegt und gründete mit zwei Gleichgesinnten ein eigenes Büro in Berlin, nunmehr ausstaffiert mit exzellenten Kontakten in alle Welt. Es lief seit fünf Jahren prächtig, was eine wahre Kunst war bei dem übersättigten deutschen Markt an ausgehungerten Architekten.

Helene war aus New York zurück und den Londoner noch nicht ganz los, im Kopf und im Herzen. Wir saßen in ihrem Penthouse-Büro in Mitte, sie nahm Zettel und Bleistift her und skizzierte mir mit wenigen entschiedenen Strichen mein Gebäude der Zukunft. „Als Erstes fragst du deine Chefs, ob du nach Berlin kannst. Überleg dir, warum du dort gut für die bist, dein Privatleben interessiert die nämlich nicht. Du bewirbst dich, zweitens, gleichzeitig und diskret in Berliner Redaktionen, aber nur in denen, die du gut findest. Keine Kompromisse, du kennst doch die ganzen Leute. Da wartest du, was passiert. Außerdem überlegst du dir, drittens und ernsthaft, ob eine Selbstständigkeit diesmal für dich infrage kommt, trotz der beschissenen Marktlage."

Das Wort beschissen hörte sich aus Helenes überaus eleganter Erscheinung besonders vernichtend an. Es war eine Warnung. Sie kannte meine Kaste; sie wusste um die Lage der Printmedien. Ich schaute auf das Papier. Ihre Zeichnung aus Pfeilen und Worten hatte blitzschnell und von mir unbemerkt die Silhouette unseres Bauernhauses angenommen. „Ich denke, du hasst Bauernhäuser", sagte ich.

„Ja, aber du doch nicht", sagte sie und grinste. „Das steht für dein Ziel, ein Zuhause zu haben, im Job und mit Paul."

„Helene, holla! Vielleicht solltest du Selbstfindungsseminare geben?"

„Ja", sagte sie, „vielleicht. Bei euch in der Scheune? Und im Hintergrund würden dabei Duftkerzen brennen, Typ Vanille. Bah, mir wird schon beim Gedanken kotzübel."

„Aber, im Ernst. Paul hat mir ungefähr den gleichen Rat gegeben."

„Das spricht dafür, dass wir beide brillant sind."

Sie lachte spöttisch und mischte uns zwei Campari-Soda; auch Getränke durften bei ihr nie süßlich sein. Mit dem Bitter-Schwips im Gemüt zogen wir an den Potsdamer Platz zu einer Filmpremiere von Millas Firma. Später tanzten wir im Grünen Salon der Volksbühne in den Morgen, bis wir unsere Füße nicht mehr spürten.

So war der Weg nun vorgegeben. Ich würde meinen Chef fragen, ob ich nach Berlin wechseln könnte. Gleichzeitig schaute ich mich nach Alternativen um. Und ich beschloss, drittens, mit Paul alles in meinem Berufsleben auf den Prüfstand zu stellen, sollten beide Wege versperrt bleiben.

Aber das war nicht nötig. Zwei Verlage gaben mir Signale, mich anheuern zu wollen, wenn auch für kleineres Geld. Schließlich aber ließ mich die eigene Redaktion nach Berlin. Zum Jahreswechsel bezog ich ein 45-Quadratmeter-Apartment in Berlin-Friedrichshain, das neu saniert und fast zwei Drittel billiger war als das in Hamburg, aber dafür einen großen Westbalkon hatte. Ich war verlobt, und meine Mutter wohnte jetzt um die Ecke. Und das alles fühlte sich, verdammt noch mal, gut an. Wieder gut.

Die neuen Bürokollegen in Berlin konnte ich noch nicht einschätzen. Es wären vorrangig Männer in den besten und nicht mehr ganz besten Jahren, die sehr von ihrer Bedeutung überzeugt waren und nicht immer ehrlich. Es waren also, dem ersten Anschein nach, ganz gewöhnliche Hauptstadtjournalisten.

Das letzte Jahr meines wunderbaren Fernbeziehungslebens war angebrochen. Aber das wusste ich nicht – und sowieso nicht, dass unsere Liebe auf Achse damit trotzdem noch lange nicht vorbei sein würde.

Großes planen, zum Beispiel:
eine Hochzeit

Es war am Ende eine zauberhafte Feier. Sagten Freunde.
Manche schwärmen heute noch. Aber bis es so weit war? Du
meine Güte. Kurz vor dem Tag am Standesamt waren Paul
und ich im Grunde geschiedene Leute. Stunden- oder tage-
weise vielleicht nur, aber dann: von ganzem Herzen.

Wenn zwei sehr impulsive, anspruchsvolle, ungelassene
und voll berufstätige Menschen mit einem Minimum an Freizeit heiraten wollen, ohne die Organisation irgendwelchen
Hotels, Restaurants oder Partydiensten zu überlassen, und
wenn diese beiden Menschen dabei nicht mal in einer Stadt
leben, kann so eine geplante Hochzeit der angestrebten Ehe
kreuzgefährlich werden. Am Ende der Vorbereitungen standen wir kurz davor, gleichzeitig mit unserem Antrag auf Ehe-
schließung den Antrag auf Scheidung einzureichen. Das mag
vielleicht formal nicht gehen, es fühlte sich aber so an, als
wäre genau das folgerichtig gewesen.

Die Planung und physisch wie psychisch anstrengende
Vorbereitung der genau richtigen Feier nach genau unseren
Vorstellungen hätte uns beinahe genau den geliebten Menschen gekostet, dem wir uns gerade mittels einer sehr deutschen Urkunde versichern wollten. Dabei waren Paul und ich
jetzt seit geschlagenen zwölf Jahren ein Paar. Wir waren zusammen endgültig erwachsen geworden, wir hatten zusammen Drachen getötet und Witwen geköpft und miteinander
so viele Schulden auf unserem Haus liegen, wie zehn Schei-
dungsanwälte nicht kosten würden.

Nach dem schwer romantischen Antrag mit Ring, Tränen
und allem Pipapo an jenem samtigen Septemberabend stand

am Anfang zunächst die Frage im Raum, *wie* wir denn heiraten würden. Ich wollte zwar durchaus gern zur Frau genommen werden (meinen Hang zur kleinbürgerlichen Konvention hatte ich schon eingestanden). Aber *was* ich mir vor allem darunter vorstellte, war: eine fette, feiste, flirrende Party, um uns zu feiern. Ein Fest auf unser Glück, auf unser Plus im vielen Minus dieser Welt, auf die Liebe. Alle sollten sie kommen, alle! Es sollte fein gespeist werden, und es sollten rumpelige Reden gehalten werden, es sollte gealbert und gelabert und getrunken und getanzt werden, bis zum Umfallen. Ich wollte rücklings irgendeiner Freundin meinen Brautstrauß an die Rübe schmeißen und morgens um drei berauscht in einem mittlerweile angedreckten weißen Kleid auf dem Tisch tanzen.

Meine zeitweilige Anwandlung, um des gesellschaftlichen Status' wegen geehelicht zu werden, um also endlich „mein Mann" sagen zu können und „den Ring" an der Hand zu haben, hatte sich wieder verflüchtigt. Dafür war eine Hochzeit dann doch zu ernst, als dass es nur darum gehen konnte, mit den daraus folgenden Äußerlichkeiten piefige Chefs zu beeindrucken.

Für Paul dagegen war der Wunsch, mich zur Frau zu nehmen, ein reiner Liebesbeweis. Wie oft hatte er gesagt: „Ich brauche kein Amt, um mich meiner Liebe zu dir zu versichern. Mehr als ich mit dir zusammen bin, kann man nicht zusammen sein."

Das war süß, nicht wahr? Übersetzt für unsere aktuelle Lage hieß das bloß leider: Er brauchte keine Feier, er brauchte keine hundert Gäste, kein fünf Gänge, keine Band, keinen DJ. Er brauchte vor allem nicht die entsetzliche Aufregung vor großen Partys, wie er sie stets empfand, wenn es seine eigenen waren. Er sagte: „Am liebsten wäre es mir, wir würden allein heiraten, ohne Spektakel, nur wir zwei, und dann fliegen wir direkt nach dem Standesamt in die Südsee und tauchen ab."

Wir hatten offensichtlich ein Problem.

Nun war es nicht so, dass ich ein Geheimnis daraus gemacht hätte, was mir unter der Rubrik Hochzeit so konkret vorschwebte. Aber erst jetzt erfuhr ich von ihm, dass Paul mich nur darum nicht schon viel früher in unserem Leben beantragt hatte, weil er genau diese Vorstellungen beängstigend fand. Ich wusste eigentlich, er stand nicht gern im Mittelpunkt. Aber ich vergaß das immer gerne und leichtfertig, weil er es in Gesellschaften trotzdem so schnell tat. Wo Paul war, war ein intensiver Disput, eine große Alberei, ein Schlagabtausch, ein herzliches Gelächter. Man durfte ihn nur, um Gottes willen, nicht dazu auffordern! Kardinalfehler!

Wir hatten offensichtlich ein großes Problem.

Ich sagte, schon angespannt, „warum hast du mir dann überhaupt 'nen Antrag gemacht?"

„Weil ich wollte."

Wir verbrachten die Winterwochenenden damit herauszufinden, wie die Chose über die Bühne gehen sollte und entzweiten uns bereits darüber ein ums andere Mal. Es endete mit Ansagen von mir, die sinngemäß lauteten: „Wir müssen das wirklich nicht machen, wenn du es so schrecklich findest, das will ich nicht", wobei meine Hintergedanken kaum chiffriert durchdrückten: *Aber ich würde es so gerne machen, weil es nie und nimmer schrecklich wird. Auch dir wird es gefallen, ich weiß es, ich kenne dich!*

Paul sagte, sinngemäß: „Aber es ist auch meine Hochzeit, es muss mir doch auch gefallen, ich kann mich doch nicht zwingen etwas zu tun, was mir nicht behagt", wobei seine Gedanken nicht minder klar durchschienen: *Aber ich weiß, dass es dich nur glücklich macht, wenn wir so heiraten, wie du es*

willst, mit vielen Leuten, und das setzt mich unter Druck. Und das
kann ich nicht ab, das weißt du ganz genau.

Ist das nicht romantisch?

Ende Februar schickten wir an 98 Freunde und Verwandte
eine Safe-The-Date-Mail heraus. Für ein Wochenende im August. Das Fallbeil war hoch gezogen und arretiert.

Im Nachhinein erscheint das so, als wäre das mein erster
Vorab-Coup als Ehefrau gewesen, nach der klassischen Me-
thode: Lass den Mann nur reden und sich plustern, die Zeit
wird es für mich entscheiden, steter Tropfen höhlt den Stein.
Aber so war es nicht; es fühlte sich überhaupt nicht nach Sieg
an. Ich mochte niemanden übertrumpfen, den ich heiratete.
Ich wollte, dass Paul sich darauf freute. Das Gute war, als der
Termin herausposaunt war, schauten wir nicht mehr auf die
vergeudeten Wintersonntage zurück, sondern nur noch nach
vorn, auf das Unausweichliche. Das war Herausforderung
und Bedrohung genug.

Wir verbrachten meinen Geburtstag im März in Rom.
Man kann heute sagen, dass dies bis auf weiteres die letzten
sorglosen Tage der nächsten vier Jahre waren, und es wäre
eine feine Ironie, hätten wir es fertig gebracht, unsere Kinder
eben dort zu zeugen, in dem Hotel neben dem Vatikan. Aber
das mit den Kindern geschah uns offenbar erst zwei Wochen
später. Am 1. April.

Da wir dazu neigten, uns nichts leicht zu machen, war
klar, dass wir auf unserem Hof und in unserer Scheune
feiern würden, fernab jeder Infrastruktur, die diesen Namen verdient hätte. Wie so viele Mitteleuropäer und wider
alle schlechten Erfahrungen unseres nicht mehr ganz so
kurzen Lebens zockten wir im deutschen Winter darauf,
dass der kommende Sommer unserer sein würde. Die Sonne
würde an unserem Hochzeitstag selbstverständlich scheinen und zwar bei perfekten 25 Grad am Tag und milden

18 Grad in der Nacht – eine Wetterlage, die es in unserem Dorf in Brandenburg aber praktisch niemals gab, außer in unvorhersehbaren, klimawandelbedingten, dürre-heißen April-Tagen.

Und die Warnungen vor dem deutschen Wetter waren zahlreich: Meine Cousine hatte im Spätsommer des Jahres zuvor geheiratet, natürlich im Freien, am See. Unmittelbar nachdem sie mit ihrem Mann das Buffet eröffnet hatte, ging ein einstündiger Wolkenbruch nieder, die Temperatur stürzte um zehn Grad. Man wusste bald nicht mehr, wo die Wiese aufhörte und der See begann. Die Wassermassen durchtränkten alles und jeden, der nicht bei eins unter eine Plane kam. Ich versank mit meinen High-Heels augenblicklich im Matsch und tauschte sie gegen irgendein praktisches, aber plumpes Schuhwerk. Der Bräutigam, ein 1,93-Meter großer promovierter Orthopäde, wechselte seinen Smoking gegen Anglerhose, Gummistiefel und Südwester ein und lief so den ganzen restlichen Abend herum. Das gab herrliche Bilder, weil die Braut in ihrer bodenlangen Robe in hellstem Bleu verblieb und neben ihm aussah, als habe sie ihren Frischangetrauten im Gewühl verloren und sich zum Trost beherzt den erstbesten Fischer geschnappt.

Kurz davor hatte es ein ähnliches Unterfangen an der Havel gegeben: Lars hatte seine junge Flamme bei Sonnenschein in Kreuzberg geheiratet, gefeiert wurde abends in einer wunderschön gelegenen Ausflugsgaststätte zwischen Berlin und Potsdam – jedenfalls war der Biergarten wunderschön. Nur, leider: Es begann zu regnen, es wurde kalt und das im August. Alle mussten sich im Innern tummeln, wo es eher rustikal und gedrängt zuging. Der Platz zum Tanzen war knapp. Jeder Gang zur außerhalb gelegenen Toilette trieb uns leicht gewandeten Damen Frostschauer über die Rücken. All die schönen Kleider waren bald nicht mehr zu sehen, weil die

Frauen die Smoking-Jacken ihrer Begleiter um sich schlangen und umhersaßen wie schwarze Raben.

Wir waren wirklich gewarnt: Der mitteleuropäische Sommer ist nicht immer deiner, vor allem dann nicht, wenn du ihn dringend brauchst. Wir wollten es trotzdem wagen. Meine Cousine hatte irgendwo gehört, dass – statistisch gesehen – eines der schönwetterbeständigsten Sommerwochenenden das erste im August sei. Wir hatten das nicht nachgeprüft, wir glaubten es einfach, wie alle heiratswilligen Deutschen, die auf Sonne vor ihrer Haustür zocken und glauben.

Wir legten mit der Planung los, keinen Tag zu früh, wie sich herausstellte. Eher viele Tage zu spät. Wir hatten zu registrieren: Anfang März sind in Deutschland schon die meisten Messen gesungen. Im März haben vorausschauende und brave Mitbürger mit einem geregelten Alltag dir nicht nur längst die besten Urlaubshäuser für die Flitterwochen in Südfrankreich vor der Nase wegreserviert. Sie haben auch alle, alle Hochzeitszimmer, -kammern, -türme und -säle im Zentrum Berlins, die nicht nach Amtsstube aussehen und dir gefallen, für sich gebucht, gebunkert, gefüllt, um dort im Sommer statt deiner Ja zu sagen.

Uns blieb darum nur das schnöde Amt im Neuen Stadthaus Berlin-Mitte. Das ist ein unproportionierter Steinklotz aus den Dreißigerjahren, der noch einen NVA-uniformgrauen DDR-Putz aus den Siebzigern trägt. Und das Trauzimmer ist eingerichtet wie ein pseudo-modisches Esszimmer von Möbel-Höffner aus den pastellfarbenen Neunzigerjahren. Bevor man darin heiraten darf, da hat mich der deutsche Staat einmal mehr verblüffen können, muss man sehr penibel nachweisen, woher man stammt. Ob man also überhaupt heiraten *darf*. Die Deutschen sind da noch immer auf beängstigende Weise gründlich. Ich war äußerst froh, keine staatenlose Libanesin kurdischer Stammeszugehörigkeit zu sein. Was musste eine solche Braut erst durchmachen? Meine eigene, echte, 33 Jahre zuvor bereits bezahlte deutsche Geburtsurkunde eines deutschen Amtes reichte jedenfalls nicht, um die deutsche Behörde meiner Existenz zu versichern, nein! Das eine Amt wollte vom anderen Amt eine beglaubigte neue „Abstammungsurkunde", und die durfte nicht älter sein als ein paar Wochen. Es verstand sich von selbst, dass das Geld kostete. Es kostete ebenso extra, wenn man nicht in dem Berliner Bezirk heiratete, in dem man gemeldet war. Es kostete extra, dass man am Wochenende heiratete.

Es war, als liefe man durch ein Spalier aus Behördlingen, und bei jedem Schritt nach vorn klappte der nächste seinen Arm vor dich wie einen Schlagbaum und hielt die Hand auf. Erst, wenn du ein Säckchen Gold hineingelegt hattest, gab der Behördling den Weg frei und es ging weiter. Jeder Wisch hatte einen Preis. Die ganze schöne rare Freizeit, die man damit zubringen musste, das Zeug zusammenzusammeln aus allen Landesteilen, war den Amtsträgern eh schnuppe.

Es gibt sicher Paare, die höhere Hürden zu überwinden haben als wir, wenn sie in diesem Land heiraten, wobei mir nur wenige härtere Konstellationen einfallen: Verlobte aus zwei Nationen, einer der Partner käme aus einem Nicht-EU-Entwicklungsland, bangte dort noch um seine Einreise nach Deutschland und wünscht sich zur Trauung eine buddhistische und katholische Zeremonie gleichzeitig.

Irgendwann hatten wir die Papiere aus Berlin, Köln-Porz, Leipzig-Zentrum und dem Chiemgau zusammengeklaubt, ein paar hundert Euro dafür geblecht und uns erschöpft gefragt, wofür eigentlich noch mal Steuern da waren. Uns fiel ein, vermutlich für die Autobahnen, durch deren nicht enden wollende Baustellen Paul immer zu mir fuhr. Oder, unsere Abgaben flossen in das Schienennetz, das 2005 noch so schlecht war, dass der Zug nach Leipzig zwei Stunden brauchte und der Zug nach Hamburg länger als vor dem Zweiten Weltkrieg.

Um mich endlich des Schönen am Heiraten zu versichern, probierte ich in den immer edler werdenden Boutiquen der Friedrichstraße weiße und cremefarbene Fummel an. Die Mode der Saison war fantastisch, und einer der Fummel ließ mein Herz hüpfen, er passte und war genauso, wie ich mir mein Kleid vorstellte. Aber ich scheute mich, ihn zu kaufen. Irgendetwas stimmte nicht mit mir. Und mein Körper war noch nie irgendwie unpünktlich.

Abends traf ich mich mit Merle bei einem Italiener in der Oranienstraße, wir redeten über ihren unerfüllten Kinderwunsch. Verängstigt nippte ich drei Stunden lang an meinem Glas Wein. Sonst kam ich eher auf drei Gläser in einer Stunde.

Ich wartete noch einmal zwei Tage. Dann fasste ich mir ein Herz und kaufte einen Schwangerschaftstest. Ich fühlte mich wie eine Vierzehnjährige, die das erste Mal Sex gehabt hatte, unverhütet. Das Ergebnis war eindeutig, es gab keine Zweifel.

Ein paar Tage später rutschte der Schallkopf des Ultraschallgeräts meines Gynäkologen auf meinem vollkommen flachen Bauch hin und her, der bis eben noch nur mir gehört hatte. Der Arzt sagte: „Och, ja. Ja, ja. Da haben Sie gleich richtig zugeschlagen. Das werden zwei. Sehen Sie, hier pulsiert sogar schon etwas." Er verharrte, sachlich, bei dem einen schwarzen Fleck auf dem Monitor, in dessen Kern etwas Weißes blinkte. „Und der andere? Doch, der andere auch, sehen Sie." Pulsieren auch da.

Aha. Mein Bauch war jetzt offenbar bewohnt von zwei pulsierenden Etwassen.

Dass ich allein in der Praxis in Berlin-Schöneberg war und Paul in Leipzig, versteht sich. Wir haben die Sache mit der Entfernung in jeder Beziehung durchgezogen. Ich rief ihn an und sagte einen Satz, der sonst in schlechten Filmen vorkommt: „Du solltest dich besser setzen." Er sagt: „Ich sitze sowieso" und fragte, ohne weiteres abzuwarten: „Es werden Zwillinge?"

Er wollte einen Scherz machen. Nun ja.

Die Braut, die auf ihrer Hochzeit betrunken auf dem Tisch tanzen wollte, würde keinesfalls betrunken sein und das Kleid mit Sicherheit nicht zart und schmal in der Taille, wie eben noch gedacht.

Oder sollten wir das Ganze verschieben? Wäre es besser, erst zu gebären, dann ein paar Monate zu warten und mit Babys im Arm zu heiraten? Aber nun war der Termin schon in der Welt, darunter auch ein paar lieben Kollegen bekannt gegeben. Die wiederum sollten nicht wissen, dass ich schwanger war, nicht jetzt schon, jedenfalls. Denn schwanger im Job übersetzen manche unwillkürlich mit: ist nicht mehr für voll zu nehmen und weint andauernd.

Ich hielt Rat mit meinen Freundinnen. Milla, die das Programm Brüten und Gebären gerade durchlaufen hatte (ohne zu weinen), jetzt abstillte und gerade an einer Entzündung ihrer Nippel litt, sagte, sie würde es bei dem festgelegten Datum belassen. „In welchem Monat bis du dann? Ende fünften? Da geht's einem richtig gut, noch nicht zu dick, jedenfalls nicht mit einem Kind darin." Sie lachte dreckig am anderen Ende der Leitung, um sogleich „autsch" zu rufen. Es tat wohl recht weh.

Nadja, die drei Monate zuvor ihren zweiten Jungen herausgepresst hatte, 4,5 Kilogramm schwer, darum mithilfe einer Saugglocke, beschwor mich am Telefon geradezu: „Mach es bloß vorher! Was hast du davon, wenn zwei halbjährige Blagen in der Ecke liegen, schreien, kacken und kotzen, während du Party machen willst?" Sie wusste offensichtlich, wovon sie sprach. Im Hintergrund brüllte Rio wie am Spieß. Sie sagte, gehetzt: „Du, tschüss jetzt, ich muss stillen."

Ihr letzter Zuruf gab den Ausschlag: Lieber schwanger und alkoholfrei heiraten denn als milchgebende Mutterkuh.

Nach dem Amt kam der ganze große Rest. Also alles. Jetzt blieb nur noch zu klären, wo wir hundert Leute unterbringen würden, ohne dass sie zu weit entfernt übernachten müssten, wann sie anreisen sollen, wer sie nachts zum Hotel führe, wann wir essen, was wir essen, wo wir das herbekämen, ob wir eine Band wollen und wenn ja, welche Musik sie macht, wer nachher zum Tanz auflegt, wer Reden hält, ob überhaupt Reden gehalten werden sollen, wer kellnert, wer Kinder bespaßt, wer Fotos macht, wie das Licht gut wird, ob der Stromkreis die Verstärker aushält, wo Paul seinen Smoking herbekäme, wer mir mein Kleid auf den unberechenbaren Leib schneiderte, wo die Tische und Stühle beschafft werden, ob es eine Tischordnung gibt, wie wir dem Regen trotzen, sollte der es wider Erwarten wagen, uns zu behelligen. Und vor allem, wie wir den Ort des Geschehens in einen Festsaal verwandeln: unsere riesige Scheune. Denn momentan war sie nichts als ein überdachter Schrotthaufen.

Ich frage mich manchmal, warum wir so einen Aufwand betrieben hatten und, abgesehen vom Kochen, alles unbedingt nahe am Wahnsinn minutiös selbst planen, organisieren, herankarren, herrichten und dekorieren mussten – eine schwangere Braut mit einer Fünfzig-Stunden-Woche in Berlin und ein Gastwirt mit einer Fünfzig-Stunden-Woche in Leipzig. Andere Hochzeitspaare in vergleichbarer Lage leisten sich den Luxus, ihr sauer verdientes Geld Schlossherren in Mecklenburg oder Schiffseignern auf der Seine in Paris oder Besitzern von Vier-Sterne-Hotels in der Emiglia Romana in den Rachen zu stopfen, auf dass ihnen das Gros der Last abgenommen werde.

Wir dagegen luden sie uns mutwillig auf. Raffiniert war das nur bedingt. Vermutlich hatte es aber seinen Sinn, für uns. Denn abgesehen davon, dass wir diesen rustikalen Saal nun mal hatten, schienen wir der Beliebigkeit und Flüchtigkeit unseres fortwährenden Pendlerlebens einen möglichst individuellen Kontrapunkt entgegensetzen zu müssen. Die Hochzeit auf unserem Fleckchen Heimat gestaltete sich als Präsentation unserer unveräußerlichen Werte: Seht her, so sind wir miteinander, wenn man uns nur mal lässt. Ein Teil unserer Gäste kannte immer noch nur einen von uns lange und intensiv, hatte aber den anderen erst zwei- oder dreimal gesehen.

An unserem hohen Tag sollte sich für jeden in unserem Freundeskreis das Phantom endgültig auflösen und der Lebensmensch Gesicht und Herz bekommen. Das klingt heute besser, als es sich damals anfühlte.

Die Scheune auf unserem Hof ist aus rotem Backstein gemauert und hat durch ihre kreuzförmigen Fensterschlitze und die eingemauerte Ornamentik beinahe etwas Romanisch-Kathedrales. Wenn sie leer ist.

Sie war aber nicht leer. Sie wurde, im Gegenteil, wenige Wochen vor dem angeblich schönsten Tag in unserem Leben, erst richtig vollgestopft. Mit Gerümpel und einer solchen Unmenge an Feuerholz, dass man, an einem ihrer Enden stehend, das andere nicht mehr sehen konnte.

Zunächst lag in der Scheune noch der alte verwurmte Heuboden mit seinen mindestens vierzig Jahre alten Heuresten unserer Vorvorbesitzer darauf. Als Paul den Boden in einer mehrtägigen halsbrecherischen Aktion entfernt hatte, stapelten sich schon mal einige Kubikmeter alte meterlange Bohlen und sehr viel verfaultes Stroh. Bald danach ging Paul mit seinem Freund Jonas, dem künftigen Trauzeugen, in den Staatsforst. Dort hatte es gerade einen Holzeinschlag gegeben. Die von den Waldarbeitern liegen gelassenen Äste und krummen Stämme konnte man sammeln und behalten, und wir brauchten Holz für den Kamin im Winter. Darum sammelten Paul und Jonas sehr eifrig. Sie fühlten sich danach zerschlagen, aber unglaublich männlich.

Ich fühlte mich unglaublich überfordert. Mir entfuhren jetzt manchmal hysterische Lachanfälle. Denn jetzt war kein Winter, jetzt war Hochzeit angesagt! Und da, wo sie angeblich stattfinden sollte, hatten wir nun, neben den Bohlen vom Heuboden, zehn Raummeter frische, rohe, krumme Kiefernknüppel liegen, in hohen diffusen Haufen, kreuz und quer, außerdem alte Fahrräder, einen kaputten Rasenmäher, einen zerbrochenen Pferdewagen, alte Wohnzimmermöbel, Plastikstühle und verrostetes Gartengerät unbestimmter Herkunft. Nebenbei hatte das Dach ein paar Löcher, und das Gebälk krümelte vom Holzwurm. Hinter der Scheune sollte ein Zelt für das Buffet angebaut werden. Dort wuchs momentan allerdings eine Art Urwald. Hilfe!

Warum ich darüber Worte verliere, wo es doch hier um die Fernbeziehung geht? Das kann ich sagen: Wir hatten zu diesem Zeitpunkt noch ganze sechs Wochen Zeit. Sechs Wochen wären viel gewesen, hätte jeder Tag gezählt oder wenigstens jeder Abend. In Fernbeziehungseinheiten aber bedeutete das, wir hatten noch ganze achtzehn Abende zum Überlegen und lächerliche zwölf Wochenendtage zum Handeln. Nebenbei löste sich aber der Bundestag auf, der Wahlkampf hatte begonnen, und es gab ein bisschen was zu arbeiten für die werdende Mutter aus der Politikredaktion.

Wir organisierten Arbeitseinsätze. Im Osten hieß das mal Subbotnik und war unentgeltlich, sieht man von den erheblichen Mengen konsumierten Alkohols währenddessen ab. An dieser Hochzeit aber war nichts mehr kostenlos, und Alkohol gab es obendrein. Ein Mann aus dem Dorf sägte gefühlte drei Tage und Nächte lang unser Holz klein für einen horrenden Lohn. Danach musste es gestapelt werden. Meine Mädels konnten nicht. Helene hatte in New York zu tun, Milla hatte vor sieben Monaten ihre Tochter in München zur Welt gebracht und schlug sich alleinerziehend um einen Krippenplatz und eine Nanny, damit sie wieder arbeiten gehen könnte. So rückten Pauls Schwester und ihr Freund an und rodeten den kleinen Wald hinter der Scheune. Meine Mutter und ihr Gefährte kamen aus Berlin und schichteten zwei Tage hintereinander so lange Holz auf, bis sie krumme Rücken hatten und kaum noch kriechen konnten. Jonas und Gesa reisten mehrmals aus Leipzig an, stapelten mit Paul und mir Tonnen von Kiefernklötzen, bis meine Gebärmutter muckte und um Gnade bat. Ein Dachdecker reparierte die Löcher und deckte die Remise neu. Alle betranken sich jeweils nachher, außer mir natürlich.

Endlich ging alles Schlag auf Schlag. Das Catering aus Berlin stand nach unendlichen Verhandlungen, die Musik, die Regenvariante. Wir zuckten nicht mal mehr, als absolut alles teurer zu werden versprach als zunächst verabredet: das Essen, die Bestuhlung, die russisch-polnische Zigeuner-Combo, die DJs. Wir riefen, halbwahnsinnig vor Stress: Nehmt nur, nehmt vom Lebendigen! Hauptsache, wir kriegen das Ding irgendwie über die Bühne!

Meine Taille war dabei, die Neunzig-Zentimeter-Marke zu sprengen. Die Designerin, die mir mein Kleid auf den Bauch schneiderte, seufzte. Sechs Tage vor Ultimo stiefelte ich nach Feierabend das letzte Mal schnaufend die fünf Etagen hinauf in ihr Dachgeschossatelier in Prenzlauer Berg, für den Final Cut. Conny gab noch einen Zentimeter zu und sagte: „Mehr dürfen deine Kinder jetzt einfach mal nicht wachsen." Mit Paul legte ich einen Kampf-Shopping-Sonnabend in Berlin ein. In zwei Stunden rafften wir für ihn Anzug, Smoking, Schuhe, diverse Hemden, Socken, Fliegen und Schlipse zusammen. Sein Outfit hatte ungefähr das Doppelte von meinem gekostet, was uns amüsierte: Mit seinen zig Einkaufstüten großer Labels am Arm nahm sich mein Verlobter in der Friedrichstraße kurz aus wie eine männliche Paris Hilton und suchte darum schnell Deckung in seinem Auto. Nichts wie weg.

Mittlerweile riefen wir den Wetterbericht stündlich im Internet ab. Die vorher gesagte Regenwahrscheinlichkeit schwankte zwischen dreißig und siebzig Prozent, die zu erwartende Tageshöchsttemperatur zwischen 15 und 21 Grad, die Prognose bewegte sich also zwischen Sommer und Herbst. Zwei Tage vor der Hochzeit goss es jäh und mehrmals wie aus Eimern. Das Tor zur Scheune – der Eingang für unsere Festgesellschaft – stand damit unter Wasser. Paul drehte am Rad. Auf den letzten Pfiff orderte er von Leipzig aus in der brandenburgischen Provinz noch ein Zelt mehr als Überdachung und ein halbes Dutzend Heizstrahler gegen die Kälte. Bald würde unsere Idylle aussehen wie Andalusien vom Flugzeug aus: alles unter Planen. Nur dass wir kein Gemüse drunter anbauten.

Alles, aber auch alles war auf Kante genäht. Details, auf die andere Bräute in meinem Freundeskreis Wochen verwendet hatten, klärten sich für mich kurz vor der Angst und im Galopp. Ich fand drei Tage vor der Hochzeit in der Mittagspause die richtigen Schuhe, zwei Tage davor eine Friseuse bei mir um die Ecke, die mir in der Frühe vorm Standesamt die Haare zusammenstecken könnte, ohne dass ich nachher aussehen würde wie eine geworfene Sahnetorte aus Berlin-Marzahn, und ich entwarf einen Tag zuvor meinen Brautstrauß, direkt im Blumenladen: Rosen, aber bitte mit Disteln, passend zu der mir nachgesagten Widerspenstigkeit.

Einen Tag vor unserer „Ja"-Sagung war ich den Hof geflohen, auf dem Paul mit Schwester, Schwager, Neffe und Nichte fortwährend sägte, schraubte und hämmerte, um alles wasserdicht, sicher, windgeschützt zu kriegen. Ich saß in Berlin in der Badewanne und weichte meine verharzten, öl- und dreckverschmierten Füße und Hände ein. Pediküre? Maniküre im Nagelstudio? Das war was für Tussis aus Hochglanzmagazinen. Dafür hatte ich keine Zeit. Ich musste selbst ran, was aufgrund meiner Leibesfülle nicht mehr ganz leicht war. Doch der Wille versetzte Bäuche; ich wollte nicht aussehen, als käme ich gerade vom Kartoffelacker gekrochen. Paul klingelte am nächsten Morgen, um mich abzuholen und aufs Standesamt zu führen. Als ich die Tür öffnete, wusste ich, dass sich mein Kampf um Körper, Kosmetik und Kleid gelohnt hat. Mann war sprachlos und entzückt. Na, bitte, und das trotz anderer Umstände.

Das ist ein schöner altmodischer Begriff und für unsere Geschichte ein wunderbar doppeldeutiger. Aller Zoff, aller Streit war vergessen.

Als der Abend voranschritt, die Band gespielt, das Essen verspeist und die Reden gehalten waren, legte der DJ zum Tanz auf. Und mein Mann nahm mich doch tatsächlich bei der Hand und führte mich aufs Parkett, das in unserm Fall ein Betonboden war. Dieser Typ, der nie tanzen wollte und das letzte Mal mit 19 Jahren zum Pogo einen Tanzboden betreten hatte, konnte plötzlich: Walzer. Heimlich hatte Paul den Vorteil unserer getrennten Leben im gemeinsamen ein letztes Mal genutzt, um mich zu überraschen. Er hatte es in Leipzig mit seinem Trauzeugen Jonas geübt, über Wochen hinweg. Zu Doris Days „Que Sera" drehte er mich so souverän, dass beinahe *ich* auf *seine* Füße getreten wäre.

Die Gesellschaft feierte bis drei Uhr morgens, der harte Kern sang bis fünf. Der Himmel war sternenklar, bei neun Grad. Aber ich habe die Kälte nicht gespürt.

Befruchten nach Legislaturperioden

Ich bin über das Zustandekommen meiner Leibesfrucht, aus der gleich die erwähnten zwei Früchtchen geworden sind, zuvor etwas schnell und leichtfüßig hinweggegangen, weil die Sache mit der Vermehrung in einer Fernliebe natürlich viel mehr wert ist: Sie ist ein Kapitel für sich, im Wortsinn und im übertragenen. An dem Entschluss für oder wider Kinder scheitern manche Lieben neurotischer, ewig unerwachsener Großstädter sowieso schon, Fernbeziehungen aber erst recht. Milla hatte es gerade vorgemacht. Kaum war sie schwanger, hatte sie sich von Carsten getrennt, bevor er es tat.

Es ist aber auch haarig. Zumindest für eine Weile bedeutet ein Kind für Paare wie uns, dass in Zukunft einer von beiden seine Stadt verlassen, darum zurückstecken, seinen Beruf ruhen oder ihn mindestens schleifen lassen muss. Und, wer wird das in der Regel sein? Eben. Millas Versuch, ausnahmsweise den Mann zu sich zu locken, war grandios gescheitert.

Also, was tun? Auf die Gnade der Hormone hoffen konnte ich offenbar nicht. Mein 33. Lebensjahr war beinahe vollendet, aber anders als bei Nadja tickte in mir keine biologische Uhr. Ich hörte jedenfalls nichts. Anders als Milla hatte es mich überhaupt nicht gerührt, wenn Freunde ihre Blagen kuschelten und mit leuchtenden Augen deren tolldreiste Geschichten zum Besten gaben. Anders als Christine in München hatte ich mich nicht eben erst Hals über Kopf in einen Hamburger verliebt und darüber, ups, die Pille vergessen und, ups, einem Mädchen das Leben geschenkt und keinen Plan, was aus meinem Job würde.

Ich sehnte nicht den großen, neuen Sinn, die Wende in meinem Leben herbei, wünschte nicht die Einmaligkeit der Verschmelzung Pauls und meines Genpools. Ich wusste bloß, anders als Helene, keine Kinder sind auch keine Lösung und wenn überhaupt ein Baby, dann nur mit dem. Glücklicherweise sah „der" das ungefähr genauso, wobei Paul mir versicherte, es vollkommen zu verstehen, sollte ich gar kein Kind haben wollen. Das war ein wesentlich breiteres Fundament für die Zukunft, als manch andere Frauen und Männer in meinem Freundeskreis es unter sich wussten.

Vielleicht darum ließen wir ab Rom die Vorsicht fahren und das Verhüten sein. Wir taten es so, wie es die Natur vorgesehen hatte, und wir fanden uns dabei: irgendwie mutig. Das war absurd. Sex ohne fühlte sich an, als ließen wir uns auf ein Abenteuer ein. Womöglich war das so, weil wir nicht wirklich dringend eine Familie gründen wollten, sondern sie nur in Kauf nahmen, so wie ein waghalsiger Broker den Verlust bei einer gefährlichen Aktienspekulation. Wir hatten nicht wirklich Schiss vor der Konsequenz. Wir wussten nur, wir setzten unser schönes geregeltes ungeregeltes Leben aufs Spiel. Erfreulicherweise machte das Ganze nebenher ein bisschen Spaß.

Dass wir ab Rom durchluden, um es mit Pauls prosaischen Worten zu sagen, hatte nichts mit dem Vatikan nebenan zu tun, sondern mit ein paar ernsten Einsichten und ein paar unernsten und natürlich mit unserer gewissen Reife: Ich arbeitete seit bald fünfzehn Jahren in meinem Beruf und immer ziemlich genau da, wo es mir passte. Paul war seit zehn Jahren erfolgreich in der Gastronomie, einer ansonsten windigen Branche; beim Rating in den Banken rangierte sie jedenfalls kurz vorm Knast. Sich als Wirt zu behaupten und Ansehen zu verschaffen mit einem Café, einer Kneipe und einer Bar, jenseits großer Hotelketten und formatierter Systemgastronomie, war eine Kunst, auf die er sich offenbar zunehmend verstand. Es ging uns gut, wir hatten unsere kleinen Erfolge und lebten im relativen Wohlstand der unteren Mittelschicht – abgesehen von der Petitesse, dass dieser Wohlstand in zwei verschiedenen Städten generiert wurde.

Paul und ich hatten aber vor allem begriffen, dass es den perfekten Termin für eine Familiengründung in unserer Lage nicht geben wird oder besser gesagt: niemals geben kann. Wie denn auch, wenn der eine in Leipzig ist und die andere in Berlin/Hamburg/Berlin? Wir brauchten einen Beschluss. Darum fassten wir ihn.

Der ernste Hintergrund war, dass wir immer mehr wunderbare Paare um uns herum erlebten, die gerne Kinder haben wollten, aber partout keine bekamen. Es wurden Hormone geschluckt und gespritzt, es wurden Eileiter und Gebärmütter inspiziert, Samenleiter und Beweglichkeit der Spermien gecheckt, für Vermögen Eizellen in vitro befruchtet oder im ICSI-Verfahren gesetzt, und nur allzu selten kamen frohe Botschaften dabei heraus. Hätte es noch eines Beweises bedurft, dass die Fertilität des Menschen Grenzen hat, hier war er.

Ich betrachtete mir alle diese Fakten und Gefühle so nüchtern, als wären sie die endlich klaren Ergebnisse einer komplizierten Recherche eines undurchschaubaren Politikums. Irgendetwas fehlte aber noch. Diese Story brauchte sozusagen noch etwas Emotion und einen Aufhänger, um gut zu werden. Denn so richtig reichte mir das noch nicht, um mich zu überzeugen.

Ich begann wieder zu taktieren, so wie das ganze letzte Jahrzehnt über, wegen des Jobs. Hatte ich früher Urlaube verschoben oder verfallen lassen wegen mir wichtiger Geschichten, versuchte ich nun, wegen der Karriere ein potenzielles Kind zu verschieben oder so zu planen, dass es nicht negativ auffiele, dem Arbeitgeber nämlich. Das klingt bescheuert, aber ich behaupte: Viele Frauen in meiner Lage tickten genauso, und manche versäumten es darüber glatt, überhaupt ein Kind zu machen, obwohl sie den richtigen Mann dafür zur Seite hatten.

Es ist Alltag, bis heute. Zurzeit regiert zum Beispiel diese Familienministerin in Deutschland mit. Kurz vor ihrer überraschenden Ernennung hatte sie noch frustriert zu Freunden gesagt, dass sie sich nun, da es mit ihrer Karriere als einfache Bundestagsabgeordnete nicht weiter bergauf zu gehen scheine, wohl mit der eigenen Familienplanung befassen könne. Das Ministeramt kam ihr dann dazwischen: Kabinett statt Kinderkacke, Karriere als Kontrazeptiva.

Natürlich thematisiert eine Frau von Mitte dreißig das heutzutage nicht, dieses Abwarten, Taktieren und Rechnen, wie lange man noch Zeit hat und wann man Nachwuchs günstig dazwischenschieben kann. Das tut man nicht öffentlich in diesem Land. Man behauptet, Kinder seien ungemein wichtig, aber zögert den Zeitpunkt für eigene so weiter hinaus. Ehrgeizig muss Business-Frau immer verfügbar erscheinen, so wie die Männer, deren letzter Karrierevorteil es ist, nicht gebären und stillen zu können.

Kinder haben im Leben der Ministerin vorerst nur andere: die, für die sie Politik macht.

Ich war nicht Ministerin geworden, sondern bloß neu im Berliner Polit-Büro meines Magazins. Ich wollte keine Politik machen, sondern nur darüber schreiben. So wie die nicht mehr ganz frischen Jungs dort, von denen einige schon auf Fehler von mir, der Neuen lauerten. Ich scheute darum den Wechsel ins Fach Mutter. Ich sagte zu Paul: „Wir sollten vielleicht die nächsten Bundestagswahlen abwarten." Ich meinte das ernst. Die Wahlen hätten aus damaliger Sicht eineinhalb Jahre später stattgefunden, ich wollte darüber berichten, vorher, währenddessen, nachher.

Als ich laut darüber nachsann, lagen wir im Bett. Paul richtete sich abrupt auf, schaute mich spöttisch-empört an und konterte: „Na klar, soweit kommt es noch, dass wir Kinder nach der Politik machen! Vögeln nach Wahlen! Befruchten in Legislaturperioden! Wo ich diese Kaste ohnehin ausreichend verachte. Nee, nee, dann lass uns jetzt erst recht loslegen."

Ganz oder gar nicht, Sekt oder Selters! Herrlich! Es ist angenehm, wenn die klaren Ansagen auch vom anderen kommen. Man muss nicht alles mit sich selbst abmachen – wozu gibt es den Lebensmenschen denn? Ich verstand, warum Milla Carsten verlassen hatte, scheinbar im falschesten Moment – weil er sich genau davor immer gedrückt hatte. Ich lachte und sagte zu Paul: „Okay, na dann."

Damit war die Sache beschlossen.

Wir dachten, ehrlich gesagt, es dauert mindestens ein Jahr, bis irgendetwas passiert. Denn der Beschluss, es darauf ankommen zu lassen, war die eine Sache, das Befruchten die andere. Sex in einer Fernbeziehung, ich hatte das erwähnt, findet nur unter gewissen Voraussetzungen statt. Eine davon war, dass man sich überhaupt sah. Allerdings hatte es die Natur nicht so eingerichtet, dass nur weil Wochenende war, auch ein Ei sprang und fröhlich seiner Besamung entgegenwanderte. Und selbst wenn ein Ei auf ein Wochenende traf, hieß das noch lange nicht, dass ich den Mann in Reichweite hatte. Vielleicht weilte ich dann auf einem verzweifelten SPD-Parteitag? Ich mutmaßte (und hoffte), auch angesichts der langjährigen fruchtlosen Versuche vieler Freunde, dass uns allerhand Zeit blieb.

Es dauerte vier Wochen.

Was für ein Glück! Was für ein Schreck! Schön! Scheiße!

Zwei Wochen nach dem ersten Ultraschallbild warf der damalige Bundeskanzler enerviert die Brocken hin und zwang Neuwahlen herbei. Sie sollten im Herbst stattfinden, ein Jahr eher als regulär und wenige Tage bevor ich in den

Mutterschaftsurlaub gehen sollte. Das bewies uns, wir hatten unsere Sache gut gemacht. Es gab für uns einfach keinen richtigen Zeitpunkt, um Kinder zu kriegen. Es gab nur lauter falsche, darum war jeder gut gewählt.

Der Arzt rechnete den 22. Dezember für die Niederkunft aus. Auf unserem Dorf in Brandenburg wurde das vom Bauern in der Nachbarschaft mit dem Spruch bedacht: „Wer Ostern mit die Eier spielt, hat Weihnachten Bescherung." Man muss sich viel anhören, wenn man brütet, besonders ab dann, wenn die Frucht „seiner Lenden" an dir nicht mehr zu übersehen ist. Der Spruch vom Bauern war noch der ehrlichste und lustigste.

In der Redaktion sagte ich so lange wie möglich nichts. Denn ich wollte so kurz wie möglich als halbe Kraft, als wandelnde Hormonbombe, als brütender Bauch mit angeschlossenem Kopf wahrgenommen werden. Es war Intuition, vielleicht nicht immer die beste.

Einmal, gegen Ende des dritten Monats, fuhr mich ein alternder Reporter wegen irgendetwas an, unvermittelt und grundlos; unser Chefredakteur stand gerade „zufällig" daneben. Ich hielt lautstark dagegen (der Chefredakteur glücklicherweise auch) – und ich musste zusehen, dass ich schnell das Zimmer floh. Denn ich bekam diesen Anfall von Atemnot, wie schon zweimal zuvor während der Schwangerschaft. Mir blieb im wahrsten Sinne des Wortes die Luft weg. Ich setzte mich an meinen Schreibtisch, schloss die Tür, hechelte beklommen und ging in mich. Hätte der alte Redakteur gewusst, wie es um mich stand, hätte er vermutlich an sich gehalten. Mist! An diesem Abend wäre ich gerne nicht allein gewesen.

Kotzanfälle, wie sie frisch-schwangere Frauen in deutschen Filmkomödien immer kriegen müssen, peinigten mich nicht. Ich litt nur an Völlegefühl, Sodbrennen, Ischiasschmerzen und schlechtem Schlaf. In Berlin häuften sich dieser Tage Empfänge, Feste und Business Lunches, ausgerechnet jetzt. Bei den regelmäßigen Presse-Mittagessen eines Bundesministers in „Sarah Wieners Speisezimmer" musste ich jedes Mal schon nach den Antipasti passen, wollte ich das zweistündige Treffen lebend überstehen. Ich hatte nicht mal Heißhunger auf irgendetwas.

Auf die selig machende hormonbedingte Gelassenheit und Vorfreude wartete ich vergeblich, bis zum Ende der Schwangerschaft. Mein Bauch war bewohnt, mein Kopf der alte. Wenigstens sah ich blendend aus. Fanden Paul und ich.

Als der vierte Monat sich dem Ende zuneigte, merkte ich, lange kann ich es nicht mehr verbergen. Ich hatte nicht nur rosige Wangen und die feinste Gesichtshaut seit meiner Kindheit. Auch die Ausbuchtung meiner Körpermitte nach vorne war kaum noch zu kaschieren. Eine Redaktionsassistentin scannte jeden Tag aufmerksamer meine zunehmend legere Kleidung. Ich weihte endlich meinen Büroleiter ein, und er tat etwas, was mich verwunderte und zunächst auch freute: Er gratulierte mir nicht nur, sondern umarmte mich herzlich.

Allerdings blieb ich skeptisch. Würde er mir auch zur Seite stehen, wenn die Kinder erst da waren? Mein Argwohn sollte sich eineinhalb Jahre später als berechtigt erweisen.

Kaum hatte ich die Wahrheit auf den Tisch gepackt, schoss mein Bauch nach vorne. Kaum war der Bauch nach vorne geschossen, wurde ich mit den befürchteten Klischees konfrontiert. Als einer unserer Chefs ein neues Konzept für ein Foto-Magazin des Verlages vorstellte, kritisierte ich nüchtern ein Bild daraus, auf dem ein Bombenopfer geradezu anatomisch genau abgelichtet worden war. Denn es war kein sonderlich gutes Foto, sondern Splatter-Trash. Ich wusste, andere Kollegen hatten genauso Probleme damit. Aber nur zu mir sagte er, mit süffisantem Unterton: „Das hat vielleicht etwas mit

Ihrer momentanen Lage zu tun. Da sind Sie wohl besonders empfindlich." Anstatt ihm eine reinzuhauen (worauf ich, trotz „anderer Umstände", einen Augenblick lang nicht übel Lust hatte, aber so was tut man ja nicht), sagte ich, desavouiert: „Nein, das hat nichts mit meiner Lage zu tun. Ich kriege das Kind ja nicht im Kopf."

Die schwangere Frau, das dämliche Geschlecht. Ich fühlte mich verdammt alleine. Ich merkte, einmal mehr, dass selbst freundliche Chefs viele ihrer Mitarbeiter nicht kennen und nicht kennenlernen wollen. Jeder meiner anderen Kollegen wusste, dass ich vieles war, aber eines sicher nicht: weinerlich.

Als ich, ein andermal, zu einem Interview mit einem Politiker ein schwarzes Tageskleid und Pumps trug, staunte mich der Büroleiter an, als habe er noch nie eine Schwangere im Businesslook gesehen, was nicht den Tatsachen entsprach. Er sagte, durchaus spöttisch: „Da hast du dich aber schick gemacht." Als ginge ich sonst in Sack und Asche! Aber das waren nur Begleiterscheinungen eines schwerwiegenderen Problems: Schon bald musste ich anfangen, um Themen zu kämpfen und zusehen, dass man mich nicht Monate vor der Zeit in Gedanken aussortierte, mich allzu herzlich „schonte", wie es mein Vorgesetzter nannte. Ich glaube, zumindest er meinte es am Ende sogar gut. Aber es tat mir nicht gut. Mir ging es prächtig! Ich wollte arbeiten! Der politische Schlachtruf der Linken vom „Kampf um die Teilhabe" für alle bekam für mich eine ganz spezielle Bedeutung: Lasst mich teilhaben! Ich bin nicht krank, ich bin nur schwanger!

Ich hätte Paul in diesen Tagen gerne mehr in meiner Nähe gehabt. Ich hätte den altväterlichen Kollegen gern den tollen Kerl vorgestellt, den ich heiraten würde und mit dem ich Zwillinge erwartete. Nach fast zehn Jahren war er hier, in meinem neuen Kollegenkreis wieder zum Phantom degeneriert.

Milla besuchte mich in Berlin. Sie war schmal, sah aber gelassen aus und hatte ihr Baby auf dem Arm, das eins der schönsten war, das ich je sah. Sie hatte es Greta Ingrid genannt, nach Garbo und Bergmann, die Carsten besonders verehrte. Ich nannte es darum spöttisch „Grein".

„Nach Carsten kommt sie jedenfalls nicht", sagte ich. Milla lächelte milde, was früher nicht ihre Art war, und antwortete, weniger milde: „Nein, das nun wirklich nicht."

Wir trafen uns jetzt erstaunlich regelmäßig. Denn das Absurde war, dass sich Carsten verpflichtet fühlte, sein Kind, das er nie haben wollte, alle zwei Wochen zu sehen. Er wollte sich nicht drücken; er war da sehr protestantisch. So waren die beiden nun zwar getrennte Leute, führten aber weiterhin eine Wochenendbeziehung zwischen München und Berlin. Weil es nicht anders gut ging mit einem paar Monate alten Baby, wohnte er bei ihr in Schwabing, wenn das München-Wochenende anstand.

Ich fragte: „Das ist crazy, oder? Versucht er dich zurückzubekommen?"

„Ich glaube nicht."

„Glaubst du. Willst du je wieder mit ihm zusammenkommen?"

„Ich weiß es nicht, echt nicht. Im Moment ist es so besser. Ich sehne mich endlich nicht mehr nach ihm."

Milla würde in zwei Monaten Vorstand in ihrer Produktionsfirma werden und dort verantwortlich sein für große TV-Filme, Literaturverfilmungen und historische Stoffe. Carsten fand das, natürlich, bedenklich: mit so einem kleinen Kind! Aber er war zu anständig, um ihr noch ernsthaft reinzureden. Es war auch für alles gesorgt, die aussichtslose Suche nach einer Kinderkrippe perdu: Ihre Firma würde die Kosten für ihre Kinderfrau übernehmen. Es war ein modernes Märchen für Karriere-Frauen, ausgerechnet aus München. Ich mixte ihr einen zu starken Sekt Aperol und stieß mit alkoholfreiem Prosecco mit ihr an.

Weil mehr als ein Kind in mir wuchs, hatte ich dauernd Ultraschalluntersuchungen. Ich hätte Paul gern dabei gehabt bei diesem Kinderfernsehen, bei der ersten „Feindiagnostik" in der Charité zum Beispiel. Aber genau an diesem Tag konnte er einfach nicht aus Leipzig weg. So zog ich es allein in meiner Mittagspause durch.

Man erfährt bei solchen Gelegenheiten durchaus krude Dinge: dass die Gefahr eines Down-Syndroms für meine Föten bei 1 zu 3389 stehe (Dicke der Nackenfalte der Embryos mal Alter der Mutter durch Statistik im Computer ist gleich Wahrscheinlichkeit, oder so ähnlich). Oder dass es noch lange nicht gesagt sei, ob beide Hirnhälften der Babys anständig verbunden sind. Das stelle sich, sagte die hübsche junge Spezialistin lakonisch, erst in ein paar Wochen heraus. Fortsetzung folgt, sozusagen.

Bei der nächsten Sonderuntersuchung trabte ich wieder allein hin. Paul war traurig darüber. Aber es war die Zeit unserer irrwitzigen Hochzeitsvorbereitungen, und jeder freie Tag, den er sich zusätzlich zu den Wochenenden nehmen konnte, ging dafür drauf.

In dieser Mittagspause würde ich vermutlich erfahren können, ob es Mädchen oder Jungen würden oder von jedem eins. Die junge Ärztin fuhrwerkte mit dem Ultraschallkopf so sehr auf meinem Bauch herum, dass es fast weh tat. Die Babys bewegten sich nicht so, dass sie beide zu sehen waren. Darum mussten sie zurechtgeschubst werden.

Die Hirnhälften, stellte sich heraus, waren in Ordnung, die Rücken geschlossen, die Schenkel- und Index-Länge lagen in der Norm, das geschätzte Gewicht beider Wesen sei sehr zufriedenstellend.

Es klang alles ein wenig wie beim Schlachter.

Die Ärztin fragte: „Was wäre Ihnen denn gar nicht recht, was es werden soll?"

„Wenn es zwei Jungs würden, die so sind, wie ihr Vater als Kind war." Sagte ich blitzschnell.

Ich hatte über diese Frage noch nie nachgedacht, aber sofort diese Antwort parat. Ich war mir aus unerfindlichen Gründen einhundertprozentig sicher, mindestens einen Kerl da drin zu haben. Aber zwei? Paul hat als Kind alles angestellt, was Jungs so anstellen können: Feuer zur falschen Zeit an der falschen Stelle gemacht (mehrfach), Leute in Oberbayern mit Schrot beschossen (angeblich aus Versehen), sich gekloppt, dauernd nachts in Köln heimlich das Elternhaus verlassen (mit acht, glaube ich), heimlich sämtliche Schnapsreste aus den Gläsern der Gäste seiner Eltern ausgetrunken (mit fünf), nahezu jährlich die Schule oder das Internat gewechselt, sich vom dritten Lebensjahr an unsterblich in Mädchen und Frauen verliebt, zu früh geraucht, zu viel gekifft, die Schule gehasst. Und so weiter.

Wie er es hingekriegt hatte, trotzdem der tolle Hecht zu werden, der er war, als ich ihn mir als jungen Mann schnappte, wusste ich nicht. Es war mir auch egal. Ich wusste nur, derart anstrengende Umwege würde ich ungern mit eigenen Söhnen nehmen müssen … Schon gar nicht als voll berufstätige Mutter ... Ach, vielleicht war es doch nicht so übel, dass er heute nicht dabei war.

„Da kann ich sie total beruhigen", sagte die Ärztin und lächelte schelmisch. „Zwei Jungs werden es auf keinen Fall. Hier, sehen sie einmal wunderbar die Labien." Sie schaute auf den Monitor und glitt mit dem Schallkopf auf einer Stelle meines Bauches hin und her. Ich starrte auf den Bildschirm und erkannte das Wunderbare nicht.

Labien? Labien, warte mal, das war irgendetwas ... Ach, Herrje: Schamlippen!

„Warten Sie, das andere kriegen wir auch noch. Na, komm schon." Sie drückte erneut die Föten durch meine Bauchdecke in eine bessere Lage, um auch bei Nummer zwei etwas zwischen den Beinen sehen zu können. „Ja, da bist du ja. A-h-a. Na, also. Da haben wir sie ja. Ja, keine Sorge. Sie bekommen ziemlich wahrscheinlich keine Jungs."

Was? Wie? Oh! Aber warum denn nicht? Ich war mit einem Mal enttäuscht. Ich war doch überzeugt davon: mindestens ein Junge da drin! Ich hatte es felsenfest gewusst!

„Sind Sie sicher?"

„Zu 99 Prozent. Mädchen sind immer recht eindeutig."

Vier Labien, zweimal zwei, eindeutig. Ich brauchte ein paar Minuten. Und ich schämte mich ein wenig. Obwohl dem Christentum abhold, dachte ich kurz ernsthaft darüber danach, dass es der liebe Gott bestimmt nicht gutheißt, wenn man hochmütig seine Fügung ablehnt und das Geschenk des Lebens nicht dankbar so nimmt, wie er es gab, und dass darum umgehend ein Blitz auf mich hernieder fahren würde, sobald ich die Charité verließe. Aber, Mensch, mal echt: gleich zwei Mädchen!

Ich rief den werdenden Vater an und überbrachte ihm die, aus meiner Sicht gewöhnungsbedürftige Nachricht. Zweihundert Kilometer weiter fielen einem Mann offenbar mehrere Steine vom Herzen. „Was für ein Glück! Mädchen! Toll, haha! Das ist doch herrlich! Mädchen! Ich mag Mädchen. Stell dir mal vor, es wären Jungs geworden, Jungs, wie ich einer war. Ein Stress! Nur Kampf. Aber Mädchen! Sahen sie gut aus?"

Sie bekamen den Arbeitstitel Hanni und Nanni.

Ich ging zurück in die Redaktion und tat so, als wäre nichts. Mein Gehirn aber googelte längst – nach geeigneten Namen. Johanna? Hanna? Helene? Holly?

Zwei Wochen später hatte ich Termine im Bundestag. Auf der Fraktionsebene, wo die Journalisten Politikern auflauern, traf ich befreundete Kollegen. Die Stimmung war spätsommerlich-fröhlich und aufgekratzt, die Wahlen rückten näher, und das politische Berlin vergaß, mehr noch als sonst, wie die Welt draußen lief. Manche Kollegen hatten mich wochenlang nicht gesehen und staunten ehrfürchtig meinen Bauch an, der mittlerweile jeden Raum quasi eine halbe Minute vor mir betrat. Gleich drei fragten, ob es wohl bald losginge? Ich antwortete, „nein, erst in drei Monaten".

Einer der Männer, zweifacher Kleinkindvater, zog die Brauen hoch und stotterte nur: „Oha!" und „Respekt!"

Oha. Besser hätte ich es nicht sagen können, Umfang: 101 Zentimeter in Woche 27.

Babys da, Vater weit,
Mutter wohnungslos

Der Tag, an dessen Ende ich mich zu Fuß ins Krankenhaus einlieferte, selbstverständlich allein, begann mit strahlendem Sonnenschein. Unsere Hochzeit lag sieben Wochen hinter uns, die missglückte Flitterwoche auf dem Darß sechs Wochen. Ein fremder Hund hatte mich am Strand gebissen, das teure Hotelzimmer war winzig gewesen und kalt war es obendrein. Aber sonst schien alles gut, wir waren Mann und Frau geworden und hatten trotzdem nicht die Scheidung eingereicht. Erst vorgestern hatte mein Arzt befunden, die Kinder in mir gediehen prächtig, und ich machte meine Sache gut, ich könnte normal weiterarbeiten, solange ich mich wohl fühlte.

Umso besser, denn ich hatte heute viel vor. Vormittags würde ich mit dem Zug in die Uckermark fahren, um dort einen bayerischen Bundestagsabgeordneten der CSU auf seinen Erkundungen in die Naturschutzgebiete zu begleiten und dabei Interviews über das Grüne im Konservativen führen. Am Nachmittag wollte ich dann einen Parteichef der Grünen treffen, um bei ihm wiederum nach konservativen Spurenelementen zu forschen.

Nur musste ich mir frühmorgens in meinem Apartment eingestehen, dass etwas nicht in Ordnung war. Eigentlich war es mir schon am Abend zuvor aufgefallen, nach meiner ersten Sitzung in diesem entsetzlichen Geburtsvorbereitungskurs.

Dass ich dort ohne Mann antrat, versteht sich von selbst. Aber abgesehen davon, dass Paul zwei Autostunden entfernt wohnte, war ich nicht erpicht darauf, ihn beim Gebären lernen dabei zu haben. Was ich noch nicht wusste: Dieser erste Termin bei der hochtonig säuselnden Hebamme Juliane würde auch mein letzter gewesen sein. Immerhin darüber war ich im Nachhinein kein bisschen traurig. Denn das Setting dieses Hechel-Kurses enthielt alle Zutaten, die mich zutiefst abschreckten.

Am Abend zuvor hatten dort acht Paare gesessen und ich. Die werdenden Mütter waren allesamt Erstgebärende (wie ich) und hatten dieses selige Leuchten in den Augen, wie ich nicht. Ihre Männer und Gefährten hatten natürlich mitzuleuchten. Sie saßen selbstverständlich hinter ihren Damen und begrabbelten deren Bäuche. Ich fand das gruselig. Aber ich will nicht ungerecht sein. Vielleicht war ich über meine eigenartige Lebensform einfach etwas zu rüde und junggesellig geworden, um das auch nur irgendeiner Form akzeptabel statt lächerlich zu finden.

Hebamme Juliane gab uns ein Wollknäuel. Das sollten wir aufnehmen, dann sagen, wie wir heißen und was da in unserem Bauch wohnt, um sodann den Faden festzuhalten und das Knäuel dem nächsten Muttertier zuzurollen. Am Ende waren wir alle vernetzt, mit Wollfäden. Alle lächelten noch mehr.

Ich versuchte, Fassung zu bewahren.

Es war unglaublich. Was haben Schwangere denn mit Katzengebaren und Kindergarten-Spielen zu tun? Wird man als gaga vermutet, weil man sich fortpflanzt? Jetzt ahnte ich allmählich, woher all die Vorurteile und Altherrenwitze meiner älteren männlichen Kollegen und Chefs stammten. Aus Nachrichten über völlig verpeilte Runden wie dieser!

Wenn Paul da gewesen wäre, hätten wir die Veranstaltung gesprengt mit garstigen Witzen und fortwährendem Gelächter. Aber ich war allein und machte darum gute Miene. Ich hielt das Knäuel in meinen Händen und sagte, ich bekäme

Zwillinge. Applaus brandete auf. So, als sei das schon eine Leistung an sich. Gott, was sind die Leute nett! Insgeheim entschied ich mich in dieser Minute für einen Kaiserschnitt unter allen Umständen und gegen jegliches Pekip-Gedöns nach der Geburt. Das hätte keinen Sinn, es war einfach nicht mein Ding.

Hebamme Juliane erzählte uns an jenem lauen Herbstabend vom Fruchtwasser, was es damit auf sich hat und wie es uns in einigen Wochen verlassen würde, per Blasensprung, ein, zwei Tage vor der Geburt oder eben währenddessen.

Noch am selben Abend tröpfelte ich, wo ich nicht tröpfeln sollte. Am nächsten Morgen tröpfelte ich immer noch. Nicht eklig, klar, geruchlos, wie Fruchtwasser. Julianes Worte hallten nach. Ich wollte nicht glauben, dass es das sein könnte. Ich war erst in der 28. Woche. Das hieß, zwölf Wochen lagen vor mir. Fast drei Monate. Scheiße, was war das?

Ich telefonierte mit meinem Frauenarzt. Keiner da, seine Praxis öffnete erst zwei Stunden später. Ich telefonierte mit Paul. Er riet, Ruhe zu bewahren. Ich recherchierte Fachärzte in meiner Nähe. In drei gynäkologischen Praxen bekam ich jemanden an die Strippe. Man wehrte mich wortreich ab: Alles voll, zu lange Wartezeiten, zur Not müsse ich ins Krankenhaus. Ich ließ mich jedes Mal herab zu betonen, ich sei im übrigen Privatpatientin. Nützte nichts. Heute gab es keine Erste-Klasse-Medizin, nicht für mich. Wo steckten nur all die armen Ärzte, die immer zu wenig Honorare bekamen? Krankenhaus sah ich nicht als Option, noch nicht. Ich telefonierte wieder mit Paul. Er sagte, er könne es nicht beurteilen. Ich müsse entscheiden, ob ich mich gut genug fühlte zu arbeiten.

Es war bald acht Uhr, in 35 Minuten sollte mein Zug gehen. Mein Körper stellte das Tröpfeln ein. Ich fuhr in die Uckermark und drei Stunden später zurück. Mittags kreuzte ich quer durch die Stadt zu meinen Gynäkologen. Sie machten einen Test, der Fruchtwasser als solches identifiziert hätte, und schlossen meinen Bauch an Messegeräte an. Ohne Befund, zwei Herzen schlugen darin artig, keine Wehen. Alles in Ordnung. Ich ging am Nachmittag zum Grünen-Politiker und führte das Interview.

Als ich mich zwei Stunden später erhob und von ihm verabschiedete, bekam ich einen Riesenschreck. Meine Hose klebte beim Aufstehen am Hintern. War es das Ledersofa, auf dem ich gesessen hatte. Hatte ich geschwitzt? Oder ist das etwa ...? Panisch rannte ich aufs Grünen-Klo. Die Hosenboden war: nass. Mir wurde heiß und kalt vor Scham. Dann sah ich, mein schwarzes Überkleid darüber war trocken geblieben. Ich hatte also keinesfalls: einen Fleck hinterlassen. Keine Feuchtgebiete. Denn wenn doch – man stelle sich das vor! Erdboden, verschlinge mich!

Es gibt wenig, wovor Frau Horror hat, aber wenn, dann davor, dass unbemerkt von ihr irgendwelche Körperflüssigkeiten sichtbar werden, die keiner sehen sollte. Der allergrößte Alptraum wäre, wenn dies im Job geschieht. Er war heute beinahe wahr geworden. Ich dankte Nadja im Geist für dieses schwarze Wunderkleid, das das Schlimmste verhindert hatte. Und wandte mich endlich meinen echten Problemen zu.

Ich konnte es drehen und wenden, wie ich wollte, aber es war nun mal so: Ich lief aus. Und das bedeutete, ginge das so weiter, lägen meine ungeborenen Kinder bald auf dem Trockenen. Ich bekam es mit der Angst zu tun. Zurück in der Redaktion sortierte ich mich kurz. Das heißt, ich versuchte das, begann aber zu heulen. Mein Kollege Dietmar fragte nach, bis ich endlich eine Antwort heraus jammerte. Er bestellte mir besorgt ein Taxi, brachte mich herunter zur Straße und gab dem Fahrer Anweisung, in welches Krankenhaus er zu fahren hatte. Ich wusste nicht mal, was das nächstgelegene war. Ich hatte in insgesamt acht Jahren Berlin noch nie eines gebraucht.

Das Taxi warf mich am Klinikum Friedrichshain ab, an irgendeinem Haupteingang. Ich ging zur Anmeldung und wartete ungeduldig, bis das zerschrammte Alkoholikerpärchen vor mir seine unverständlichen Verhandlungen mit dem Krankenhauspersonal beendet hatte. Die Frau am Schalter war freundlich, schickte mich aber woandershin: zur Notaufnahme. Zu Fuß. Wie gesagt, ich ging mit Zwillingen schwanger und verlor Fruchtwasser. Das hatte ich auch gesagt. Es schien keine Rolle zu spielen.

An der Notaufnahme angekommen, verwies man mich erneut: zur Frauenklinik. Die Frau hinter der Scheibe zeigte irgendwo in die Weiten des Geländes und gab eine umständliche Wegbeschreibung ab, die man durch die Scheibe kaum verstand. Ich lief und lief, hunderte von Metern, um Häuserecken und Rabatten.

Ich verlief mich.

Ich hatte Paul am Handy, dann Milla, Helene, meine Mutter und wieder Paul. Ich stieß Flüche über das unfähige Gesundheitssystem aus. Ich weinte und schimpfte im Wechsel. Irgendwann rief eine rauchende Frau, die an einem Wirtschaftshintereingang stand, mir zu: „Hallo! Kann ich helfen? Wollen Sie vielleicht zu uns?" Endlich. Es war eine Frauenärztin, die es nachher nicht fassen konnte, dass man mich hatte her*laufen* lassen. Wenige Augenblicke später lag ich in einem Untersuchungszimmer auf einer Liege, an Apparate angeschlossen. Der Fruchtwasser-Test war jetzt positiv. Und das war wirklich negativ.

Paul saß längst im Auto auf dem Wege nach Berlin. Meine Mutter kam von ihrer Arbeit mit dem Taxi angebraust, natürlich fuhr ihres bis direkt vor die Tür. Sie hielt meine Hand und war die personifizierte Sorge. Ich heulte hysterisch oder wimmerte leise oder schaute leer. Ich wähnte meine Kinder schon totgeboren oder hirngeschädigt.

In diesem Augenblick, wo der ungeheuerliche Verlust im Raume stand, wurde ich endlich zu einer richtig schwangeren Schwangeren, einer Frau, die nichts anderes wollte, als herrliche, gesunde Kinder zur Welt bringen, um jeden Preis. Scheiß auf den Job, scheiß aufs Schreiben, scheiß auf die persönliche Freiheit! Berlin oder nicht Berlin? Alles Schnulli. Worum geht es hier eigentlich?!

Zwar hielt dieser Zustand nur dreieinhalb Tage an, aber interessant war es mal.

Die Mediziner vermuteten einen feinen Riss in einer der Fruchthüllen und sagten, so etwas passiere, der könne sich sogar wieder schließen. Ich müsse nur liegen, im Zweifel monatelang. Auch aufs Klo gehen gehe nicht. Selbst das: im Liegen erledigen.

Mama war da, Paul war da, wir bestellten Pizza und kamen zur Ruhe. Wir sahen alle drei hundert Jahre älter aus als noch am Tag zuvor und begannen, das Beste zu hoffen. Monatelang zu liegen und im Liegen jegliche Notdurft verrichten zu müssen, war nicht das Beste für mich, sondern so ziemlich der *worst case*, aber die einzige Option für die Brut. Nun denn. Ich fügte mich. Man muss Opfer bringen und sich unterordnen, was, man wird es ahnen, ebenfalls nicht die Stärke von Journalisten ist.

Man gab mir Wehenhemmer, mein Puls raste davon. Außerdem wurden Mittel gespritzt, die die Lungenbläschen der Babys zur vollen Entfaltung bringen sollten. Ich sagte zu allem Ja und Amen und vertraute der Schulmedizin. Ich hatte eh keine Wahl.

Außerhalb der Krankenhauswelt hatten Paul und ich bis eben noch prächtig im Plan gelegen. Mein Apartment in Berlin würde in vier Wochen an einen netten Mann von MTV untervermietet sein, pünktlich zu meiner Mutterschutzfrist, der regulären jedenfalls. In Leipzig hatten wir eine offenbar passende Wohnung gefunden, die bloß noch angeschaut werden müsste. Aber die Fotos im Internet versprachen Gutes. Und das vielleicht Wichtigste für die Psyche, war: Wir hatten Namen für die Kinder gefunden. Noch bis vor wenigen Tagen war das anders, da hatten Hanni und Nanni noch die neuen Arbeitstitel „die Shrimps" oder „Henriette und das andere Kind". Aus dem „anderen Kind" war neulich Lotta geworden. Haken dran.

Aber alle anderen Haken: wieder ab. Zu früh gefreut. Der gute Plan war nichtig. Denn am Tag vier im Krankenhaus ließ sich die Natur nicht länger hinhalten. Die Babys mussten geholt werden. Zu Ermutigung hatte man uns zuvor auf die Frühgeborenenstation der Klinik gebracht und gezeigt, dass auch aus Zweipfündern echte Menschen werden können. Ich hatte trotzdem Schiss, bis mir der aus Armenien stammende Anästhesist unter wortreichen Märchenerzählungen in gebrochenem Deutsch endlich die Spinalbetäubung setzte. Augen auf und durch. Hinter dem grünen OP-Tuch würden sie gleich irgendetwas Lebendiges aus mir heraus schneiden. Das war schon mal sicher.

Die Nacht davor war unser privater kleiner Horrorfilm abgelaufen. Ich hatte mit Vorwehen gekämpft, und Paul hatte versucht, um bei mir zu sein, auf einem unbequemen Bürostuhl zu schlafen. Wir waren im Souterrain der Klinik abgetaucht, in einem dunklen, türkisgrün gefliesten Kreissaal von der Größe eines mittleren Badezimmers. Ich lag darin wie ein gestrandeter Wal in einem leergepumpten Swimmingpool, was gut zu meinem zunehmend einfallenden Bauch passte. Nebenan im anderen Kreissaal presste eine Frau, unter dem üblichen Geschrei und den routinierten Ansagen einer Hebamme, einen gesunden Jungen heraus, was psychologisch einfallsreich war: Besser hätte man mich nicht quälen können – da das pralle Leben, hier die Angst, ob überhaupt etwas leben würde.

Aber am Morgen danach war Schluss mit der Ungewissheit. Gegen 9.40 Uhr krähte Kind eins, leise, aber deutlich. Gegen 9.50 Uhr Kind zwei, und ich wurde wieder zugenäht. Spezialkinderärzte nahmen die Babys sofort mit und legten sie nach der Erstversorgung in zwei Brutkästen mit Totalüberwachung, für jede Körperfunktion ein Monitor. Ich bekam Schmerz- und Schlafmittel und dämmerte weg.

Als ich die Wesen am Nachmittag betrachtete wie exotische Tiere in Quarantäne, steckten in ihren Köpfen Kanülen, ihre Füße waren so lang wie der kleine Finger einer kleinen Frau. Die Mädchen waren dürr, faltig und rot. Sie sahen aus wie zwei gerupfte, überbrühte Hühner, das aber versehen mit viel versprechenden Gesichtszügen, vollen Lippen und wunderhübschen Josephine-Baker-Frisuren. Henriette hatte ein blaues Auge, weil sie bei der OP einen Schlag abbekommen hatte, bei Lotta lief der Kreislauf noch manchmal falsch herum, weil sich eine notwendige Venenklappe noch nicht geschlossen hatte.

Als ich sie mir ansah, man hatte mich im Rollstuhl herbeigekarrt, kam bei mir nicht viel mehr Information an, außer: Sie leben und bekommen alles, was sie brauchen, und mir tut alles weh, ich kippe gleich um, lasst mich wieder liegen, und was ist im Übrigen das riesige, hartgummiartige Runde an mir dran? Ach, Brüste.

Die letzte Phase unserer Liebe auf Achse bekam in den folgenden zweieinhalb Monaten die Züge einer Groteske. Es war so, als wollte uns das Schicksal noch mal einen Wink mit der Zaunlatte geben und mitteilen: Falls hier irgendwer denkt, er könne auf Dauer noch woanders wohnen, als der Partner – vergiss es!

Milla besuchte mich und brachte Spieluhren, Helene sagte beim Anblick von Henriette „ach, du jemineh!" und scheute sich, die papiernen Wesen zu streicheln, meine Cousine beschaffte Still-BHs, meine Kollegen schickten einen Strauß, so groß wie das halbe Krankenzimmer, und zwei von ihnen brachten einen Korb voller Feinkost, den wir sofort gemeinsam plünderten. Alle rissen fortwährend Witze, und ich dachte, bei jedem Lachen, mir zerreißt es den Bauch.

Viereinhalb Tage nach der Geburt verließ ich leicht gekrümmt die Klinik, nicht mehr schwanger, aber auch noch nicht wirklich Mutter. Eher: sehr unwirklich Mutter. Es nahm sich surreal aus. Ich war aber nicht traurig oder niedergeschlagen, sondern sehr fröhlich. Ich musste nur begreifen lernen, dass ich jetzt Kinder habe, ohne sie zu haben. Nicht mehr, nicht weniger.

Die Babys, sagte man uns, würden acht bis zwölf Wochen drin bleiben müssen, bevor man sie entlassen könne. Ich besuchte sie ein- bis zweimal am Tag für ein paar Stunden. In den ersten Wochen schlugen ihre Überwachungssysteme alle paar Minuten Alarm. Jedes Mal, wenn der Sauerstoffgehalt im Blut eine gewisse Schwelle unterschritten hatte oder der Puls nicht gleichmäßig genug war, passierte das. Anfangs zuckten wir zusammen, die Ärzte und Schwestern aber blieben gelassen. Offensichtlich war es nicht schlimm. Wir härteten ab, bald ließen die Alarme nach.

Paul fuhr zurück nach Leipzig, um zu arbeiten und unsere künftige Wohnung klarzumachen. Es war noch nichts organisiert, kein Mietvertrag, kein Umzugsunternehmen und keine Ahnung eigentlich, wohin mit mir. Die viele Zeit, die wir glaubten, noch zu haben, hatte sich in nichts aufgelöst. In drei Wochen würde ich meine Wohnung in Berlin verlassen müssen, für den Untermieter. Ich hätte ein gräuliches Zimmer im Krankenhaus beziehen können, aber davor graute mir. Darum blieb mir nichts anderes übrig, als mich, mit 33, noch einmal bei meiner Mutter und ihrem Mitbewohner einzuquartieren. Sie räumten sein kleines Schlafzimmer für mich frei. Darin saß ich dann um zwei Uhr nachts und um sechs, um zehn, um 14, um 18 und um 22 Uhr auf der Bettkante und pumpte Milch ab. Ich hatte mir dafür ein Gerät geliehen, das aussah wie ein Eierkocher und allen Ernstes „Medela Symphony" hieß. Sinfonie! Warum denn nur? Weil das Ding beide Brüste gleichzeitig leer saugen konnte? Ganz großes Orchester? Warum dann nicht: „Stereo"?

Es gibt kaum einen Anblick, der gleichzeitig so komisch und entwürdigend ist wie der einer Frau, die sich dual mittels eines motorgetriebenen Geräts leerpumpt. Fernsehen gucken konnte man dabei nicht. Erstens hatte ich keinen in dem Schlafzimmer, zweitens war die Pumpe zu laut. Lesen ging auch schlecht, denn die Brüste müssen im richtigen Winkel angezapft werden. Es war wirklich stumpfsinnig.

In meinem neuen Vierstunden-Rhythmus bestritt ich die Tage und Nächte. Ich packte Kisten und organisierte ein Umzugsunternehmen, ich schrieb einen Text über einen Ehrenmord für das Magazin zu Ende, der liegen geblieben war. Und dann – pumpte ich wieder. Muh! Die Milch brachte ich in Flaschenbatterien wie ein Lieferant in die „Milchküche" der Klinik, in der sie portioniert wurde für die sieben Fütterzeiten der Babys rund um die Uhr.

Ich war eigentlich nicht sonderlich aufs Stillen versessen und konnte mit diesem Hype um Muttermilch nie etwas anfangen. Von meiner Freundin Diane weiß ich seit Jahren, dass es nicht gegen Allergien hilft: Sie hatte ihren Sohn fünfzehn Monate lang voll gestillt, aber als Schulanfänger war er gleich gegen mehrere Dinge allergisch und hat bis heute asthmatisches Husten, wenn die Gräser blühen. Ich verstehe darum nicht, warum sich 38-jährige Business-Frauen, denen das Stillen keinen Spaß macht, das trotzdem antun. Viele Journalistinnen sind darunter, vielleicht, weil sie danach darüber Bücher und Essays schreiben können, wie sehr ihnen ihre Brüste wehtun, wie abhängig sie das Brustgeben macht und wie repressiv aber die Gesellschaft sei, die sie angeblich dazu zwinge. Lasst es doch einfach. Ist kein Ding.

Ich tat das für mich und auch nur vier Monate. Das absonderliche Abpumpen versicherte mir, dass ich wirklich Kinder auf die Welt gebracht hatte, die irgendwo 700 Meter entfernt von mir im Brutkasten lagen, schliefen und wuchsen. Dies war meine einzige Möglichkeit, ihnen dabei zu helfen, und mir tat dabei auch nichts weh, sonst hätte ich es nämlich gelassen, so wie Milla es ließ, als sie Schmerzen dabei bekam.

Am Wochenende kam Paul nach Berlin, so wie früher. Nur dass wir jetzt zuallererst in die Klinik gingen, uns unsere Mädchen auf den Bauch legten, sie liebkosten, sie fütterten, ihnen die Windeln wechselten (Größe 0 – die gibt es – war zu groß), sie wieder in den warmen Kasten legten und für eine Nacht in unser Haus fuhren.

Da kochten wir, saßen am Kamin, ohne meinen Bauch, ohne unsere Kinder, eigentlich so wie früher, und versuchten uns an den Gedanken zu gewöhnen, nicht mehr allein mit uns zu sein, was natürlich sehr theoretisch blieb. Zunächst. Als wir einmal Sonntagabend zurück in die Klinik kamen, sagte eine Schwester, es gebe ein Problem mit Henriette. „Welches?" fragten wir hektisch. Sie spannte uns mit besorgtem Blick auf die Folter. Sie sagte, erst müsse der Arzt kommen. Es dauerte nur Minuten, bis er kam. Aber in diesen Minuten war es, als täte sich ein Abgrund vor uns auf. Henriette, erfuhren wir, hatte eine Infektion. Man müsse abwarten, sagte der Arzt, ob das Antibiotikum anschlage. Das Kind sah bleich aus und eingefallen. Wir heulten, beide.

Das Mittel wirkte, aber die 24 Stunden bis zu dieser Gewissheit waren bang. Ein Frühgeborenes hat nicht viel Widerstandskraft. Jetzt wussten wir nur zu genau, wie sehr wir schon an diesen roten Aliens in den beiden Brutkästen hingen. Wir waren eindeutig Vater und Mutter.

Paul fuhr wieder nach Leipzig. Täglich simste ich ihm die Gewichtszunahme, diese Zehn-, Zwanzig-, Dreißig-Gramm-Schritte jeden Tag. Ich führte währenddessen ein Leben zwischen Berlin-Mitte-Schickse und Mutterkuh. Tagsüber kuschelte ich Babys im Krankenhaus und abends ging ich ins Kino. Ich plante morgens eine Küche für die Leipziger Wohnung und aß abends beim neuesten Thailänder. Ich besorgte einerseits Strampler und feierte andererseits auf dem vierzigsten Geburtstag von Lars. Einmal lud Mark, mein Kollege von der Zeitung, einen Schwung Leute abends zum Bowling ein. Er stand auf so etwas, liebte es, unser szeniges Berlin-Mitte-Leben mit einem spießigen Rudelsport der Achtziger zu kontrastieren.

Es kamen lauter Journalisten zwischen dreißig und vierzig, eher Zeitgeist-Feuilleton als Politik, eher kinderlos als frisch entbunden. Alle sahen lässig und großstädtisch aus, wie gehabt. Ich sah aus wie die Frau vom Biohof-Laden. Ich hatte rote Bäckchen, trug ein olles, verwaschenes T-Shirt, auf dem eventuelle Milchflecken nicht allzu sehr auffallen würden, und formlose Dreißig-Euro-Jeans, die ich mir gekauft hatte, weil sie genug Platz für meinen Restbauch boten, der sich nach dreieinhalb Wochen noch nicht gänzlich verdünnisiert hatte. Ich schwitzte wie eine Frau im Klimakterium und freute mich gleichzeitig, noch nicht ganz vom Leben der unabhängigen Erwachsenen ausgeschlossen zu sein. Ich hatte extra meine Abzapf-Zeiten etwas nach hinten verschoben, um beim Bowling sein zu können. Als wir nachher noch in eine angesagte, verrauchte Spelunke wechselten, hielt ich aber nur noch eine Stunde durch. Die Uhr hatte die 23.30-Uhr-Marke gerissen, und mein Körper forderte, fast zwei Stunden überfällig, dringend: *„Pump it up."* Ich fügte mich.

Ich vollendete die Schwangerschaft sozusagen wie ein Känguru. Kinder schon draußen, aber noch nicht lebensfähig. Und unser Beutel war der Brutkasten.

Elf Tage vor Weihnachten fuhren wir die Kinder heim in ein Heim, das für uns alle neu war. Ich hatte mich auf die Rückbank des Autos zwischen die Babyschalen gequetscht. Während Paul müde und abgespannt vom Umzugsstress über die Autobahn fuhr und versuchte nicht einzuschlafen, berührte ich die Babys alle fünf Minuten, um sicherzugehen, dass sie noch atmeten.

Wir hatten bis zu diesem Tag noch nie zusammengelebt. Jetzt waren wir auf einen Schlag zu viert auf 120 Quadratmetern. Plus Hund.

EheCard 100 und kein Ende. Oder?

Leipzig, Hamburg, Berlin, Hamburg, Berlin. Und nun: Leipzig. Dass ich zurückkehrte, als wir zur Familie wurden, lag nicht an meiner Sehnsucht nach dem Ort meiner Kindheit, sondern daran, dass es anders nicht ging. Vater, Mutter, Kind, Kind, Hund konnten wir nur da zusammen sein, wo Paul seine Geschäfte machte, und das war in dieser Stadt, die schöner war als früher und vertraut irgendwie und gleichzeitig sehr fremd geworden. Der Mensch an meiner Seite war derselbe geblieben. Nur sonst hatte alles gewechselt, der Freundeskreis, die Wohnungen, der Status, die Wahrnehmung, die Altersklasse. Feine Linien um deine Augen, graue Strähnen in seinem Haar.

Zehn Jahre zuvor hatte ich nicht jeden Stein gekannt, aber sicher jede Kneipe, jeden Club, jeden Kulturschaffenden oder was sich dafür hielt. Damals war ich mittendrin, jetzt stand ich am Rand, mit Kinderwagen. Ich brauchte lauter entsetzlich praktische Dinge, so etwas wie Kinderärzte, Physiotherapeuten, die Drogerie, eine Joggingstrecke, einen Schneider, einen Friseur, einen Supermarkt mit anständiger Fischtheke. Und ich brauchte ein paar nette Menschen, die auch bloß keine Zeit für Kultur und Bars hatten, aber wüssten, wie man Möhrenbreiflecken aus dem Babypulli kriegt und trotzdem politisch unkorrekte Witze reißen. Manche hören damit nämlich auf, sobald sie sich vervielfältigen.

Ich kannte so gut wie niemanden mehr in der Stadt und schon gar keinen mit Anhang unter einem Meter. Alle waren längst fortgezogen, oder wir hatten uns aus den Augen verloren. Und meine besten Freunde wohnten über München, Berlin, Hamburg und New York verstreut. In Leipzig kommt da keiner mal eben vorbei, schon gar keiner, der selbst Kinder hat.

Wenn ich mir anschaue, wo meine Kollegen aus der Journalistenschule gelandet sind, darf ich mir durchaus vorkommen wie die letzte Provinzursel, die sozusagen von der umherschwirrenden Business-Woman retardiert ist zur gebundenen Mittdreißiger-Mutti: Ich bin die Einzige, die wieder da gelandet ist, von wo sie ausgezogen war, das Fürchten zu lernen. Die anderen? Eine Frau arbeitet in Washington D.C., eine weitere in Kalifornien, eine korrespondiert aus Moskau, der nächste Kollege hat es zum Vorstand in Frankfurt am Main gebracht, ein anderer zum Ressortleiter in München, vier Freundinnen leben und schreiben im Herzen Berlins, an der Seite dichtender und sendender Männer; sie tanzen in ihrer Freizeit Tango oder Swing in Mitte und Kreuzberg und laden berühmte Literaturagenten, Moderatorinnen und Schauspieler auf ihre Partys.

Als ich dagegen nach Leipzig zurückkam, verließen gerade die letzten halbwegs bekannten Intellektuellen die Stadt, darunter die Schriftstellerin Juli Zeh samt ihren Hunden. Egal, für Komplexe hatte ich gar keine Zeit. Mit Babys ist es piepegal, wo man lebt, solange die Wohnung schön ist und das Wasser warm fließt und der Supermarkt nebst Apotheke um die Ecke liegt und man gelegentlich Schlaf bekommt: Wir schwebten in der Babyblase. Ein Jahr Auszeit lag vor mir, ein Jahr voller Möglichkeiten. So zumindest dachten wir uns das. Danach, so viel war schon in der Schwangerschaft klar, würde ich anfangen nach Berlin zur Arbeit zu pendeln. Und diesen Tag sehnte ich schneller herbei, als ich mir gewünscht hatte.

Als das deutsche Fußballsommermärchen endete und sich danach drückende Hochsommerhitze wochenlang wie Gel über das Land legte, als aus unseren einst roten Brutkasten-Aliens runde, möhrenbreigebräunte Blondinenbabys mit irritierend wachen Augen in der Farbe von Vergissmeinnicht geworden waren – begann ich mich zu langweilen. Es war Juli, Monat neun meiner Auszeit, und ich hatte mich für den Hochsommer auf unserem Bauernhof einquartiert und *tout* Berlin wissen lassen, dass man die Babys und mich gefälligst besuchen könne, jeden Tag oder Abend der Woche. Die Betreffzeile der Mail hieß: Sommerhaus, jetzt! Und ich dachte, wer da nicht kommt, ist selber schuld.

Es kam: so gut wie keiner. Denn diese Leute, die meine Freunde waren oder zumindest so etwas in der Art, hatten zu tun, sie hatten zu recherchieren, zu schreiben, zu planen und projektieren, zu drehen und zu lektorieren oder ihrerseits Kleinstkinder zu pampern, sie hatten zu: irgendwas. Und wenn sie nicht in Berlin ackerten, waren sie auf Dienstreise in Phnom Penh oder auf Erholung in Usbekistan. Nadja oder Merle oder Helene, Mark oder Lars oder Lukas hatten keinen Bock, abends noch hinauszufahren, zu einer intellektuell unterforderten Mama mit Milchfläschchen im Anschlag, schon gar nicht bei dieser Affenhitze. Es hatte Tag um Tag 35 Grad, abends 29. Die Aussicht „gemütlich" zu grillen lockte, was Wunder, niemanden, der sich in Berlin-Mitte quasi vor der Haustür eisgekühlte Drinks besorgen konnte und zwar auf Restaurant-Hausbooten, die auf der Spree ankerten und mit Swimmingpools bestückt waren.

Zum ersten Mal spürte ich sie deutlich, die Einsamkeit der Mutter vorm Einmeter. Denn so richtig hinein in die normale der Welt der Erwachsenen würden Paul und ich erst wieder kommen, wenn die Nachhut sich der Metergrenze näherte. Aber das wusste ich im Babyjahr nicht. Ich versuchte, so allein auf dem Dorf im heißen Sommer, Dinge „zu schaffen", so wie früher. Ich malerte oder installierte einen zweimal zwei Meter großen Laufstall, ich machte artig Gymnastik gegen Rückenschmerzen und las schwergängige Romane in Schneckengeschwindigkeit oder kochte Brei aus Pastinaken. Ich bewunderte die Schönheit meiner Brut und bemerkte gleichzeitig, dass meine Lust, ihr altersgerechte Greif-, Klötzchen- und Singspiele angedeihen zu lassen, gegen Null tendierte. Ich tat es natürlich trotzdem. Darüber wurde mir noch langweiliger. Die schlauen Blauaugen verfolgten von ihrer Liegeposition aus genau jeden meiner Schritte, lachten und lechzten nach Förderung.

Ansonsten machten wir einander keinen Stress. Ich hatte mich als einwandfreie Verhaltensforscherin entpuppt. Mein Mutter-Gen war offenbar problemlos zugeschaltet worden von meinem Hirn; da war ich mir vorher nicht allzu sicher gewesen. So aber verstand ich die sprachlosen Lebewesen ohne Worte, konnte jede Regung, jeden Ton der Kinder einer bevorstehenden oder eben absolvierten Aktivität zuordnen, einem Pups, einem Rülpser, einem Schiss in die Windel, dem Hunger oder dem Durst, der Müdigkeit oder dem Bedarf nach Kuscheln.

Zum Glück machten die Zwillinge, wenn sie nicht gerade Diarrhöe hatten, nachts selten Lärm. Sie schliefen mit sieben Monaten bis zu zehn Stunden durch und weinten nicht beim Zahnen, was das Lächeln anderer Baby-Besitzer augenblicklich gefrieren ließ, wenn sie davon erfuhren. Aber ich schwöre, wir konnten nichts dafür!

Wir lebten in den Sommertag hinein wie ein träges Rudel, und jeden Freitag stieß der Leitwolf aus Leipzig dazu. Wenn die Kinder schliefen, waren wir Mann und Frau. Wenn sie nicht schliefen, waren wir Papi und Mami und veranstalteten Babyschwimmen im See. Das war die glänzende Seite der Medaille. Die Kehrseite, allerdings, wurde das Jahr über etwas blind.

In Leipzig hatte sich unsere Fernbeziehung zu diesem Zeitpunkt in eine äußerst nahe verwandelt. Manchmal geriet sie zum Nahkampf. Wir sahen uns jetzt, nach Jahren maximaler Individualität, plötzlich jeden Tag, das heißt: jeden Morgen, jeden Abend, jede Nacht, manchmal sogar mittags und das alles unter verschärften Rahmenbedingungen, nämlich in einer Rollenverteilung, die wir nicht nur nicht kannten, sondern die uns nicht entsprach: Ich hütete die Höhle, er jagte das Geld.

Rechnerisch fiel ich als Mit-Finanzier unseres Lebens nicht mal aus. Ich brauchte meine Steuerrückzahlungen der vergangenen beiden Jahren auf. Sie waren sozusagen mein privates Elterngeld, denn das staatliche wurde leider erst ein Jahr später erfunden. Die Erstattung war hoch ausgefallen, weil ich jahrelang zwei Haushalte unterhalten und gigantische Summen für Fahrtkosten in den deutschen Wirtschaftskreislauf gepumpt hatte. Das Geld war ein kleiner Ausgleich dafür, eine Rendite gewissermaßen.

Man kann so eine Fernliebe also durchaus von der Steuer absetzen. Man kann sie nur leider nicht vom Leben absetzen. Wir standen unter Strom, und darum begannen Paul und ich, uns im letzten Drittel unseres Baby-Jahres gehörig auf die Nerven zu gehen. Es kamen ein paar Sachen zusammen. Die ungewohnte, dauernde Nähe war das eine. Außerdem machte das Café weniger Umsatz; die komplizierte Trennung von einer seiner leitenden Angestellten beschäftigte Pauls Anwälte und plünderte sein Konto. Die neue Bar, die er ein Jahr zuvor eröffnete hatte, kam nicht zum Fliegen und schrieb Verluste. Das alles war sowieso schon ungünstig für einen Selbstständigen, der ohne Netz und doppelten Boden agierte, erst recht aber jetzt, da sich die Anzahl der zu versorgenden Familienmitglieder gerade von zwei auf vier erhöht hatte. Als er also, und sei es nur gefühlt, „der Ernährer" geworden ist.

Und ich? Konnte vom ersten Möhrenbrei berichten, der völligen Aussichtslosigkeit, gleich zwei Krippenplätze zu finden, der Suche nach Tagesmüttern, von Buggy-Käufen und der Konsistenz der Kinderkacke. Das war an sich nicht das Problem. Aber schnell verlor der gepeinigte Geschäftsmann (Paul) die Ehrfurcht vor der Art von Vollzeitpflege, die Ganztags-Mutti (ich) unseren gemeinsamen zwei Hosenscheißern angedeihen ließ. Als einmal nichts zum Abendessen zu Hause war, nichts jedenfalls, worauf Paul Lust hatte, entfuhr ihm im Streit darüber tatsächlich diese Frage: „Was machst du eigentlich so den ganzen Tag?"

Der Ton war scharf, und ich war wütend. Damit war die Dissonanz für den Rest des Jahres angeklungen. Er hatte es nicht so gemeint, natürlich nicht. Paul vermisste es einfach, und das bis heute, „dieses Geräusch der zuschnappenden Wohnungstür hinter mir, und dann kommt nichts, einfach nur Stille, das Alleinsein mit einem Buch, höchstens unterbrochen von den Fernsehnachrichten. Dazu ein selbstgemachtes Thunfisch-Sandwich, ein Bier. Und dieses Sich-Nicht-Verhaltenmüssen, weißt du? Das fehlt mir total." Stattdessen zickten wir uns an und zwar genau über all jene Nichtigkeiten, die wir früher so großzügig ausblenden konnten.

Was Wunder. Wir waren nie mehr allein, wir waren jetzt immer zu vielt. Das ist für die Liebe wie eine dauerhafte Umwandlung ihres Aggregatszustands, von ruhend-fest zu bewegt-gasförmig. Das erhöht den Druck, stark. Und manchmal explodiert einfach der Kessel. Man muss nach der Explosion nur in der Lage sein, sich zu sagen, dass es an den Umständen liegt, aber nicht am anderen. Darin waren wir ganz gut, meistens. Wir lernten es neu, das Plus-Minus-Sehen. Nichts anbrennen lassen. Sagen, was man fühlt. Wiedergutmachung üben.

Trotzdem, ich begann im Stillen die Tage zu zählen, bis ich wieder arbeiten würde. Januar, komme! Und bloß gut, dachte ich, dass wir schon ab September stundenweise diese Tagesmutter haben würden. Dann könnte ich, wenigstens für einen

Teil des Tages, endlich raus, Lesen, Reden ohne Unterbrechung durch Geningel.

Daraus wurde natürlich nichts.

Die Tagesmutter hatte ich beizeiten in einem aufwändigen Casting ausfindig gemacht. Sie war jung, dick und hatte künstliche Glitzergel-Fingernägel, war aber ausgebildete Erzieherin und schien die Gelassenheit selbst zu sein. Wir besprachen alles mehrfach. Wir besuchten sie mehrfach. Wir hatten einen Vertrag. Doch vier Tage vor Ultimo – meine neue Freiheit lachte mir schon keck entgegen – sagte die dicke junge Frau ab und nahm lieber zwei andere Kinder auf, die anders als unsere schon sitzen und laufen konnten. Sie hatte einfach Schiss bekommen, es nicht zu schaffen. Das war zwar ehrlich, aber so spät im Jahr annonciert, dass alle, alle, alle Kindergärten und Krippen längst ihre Plätze neu verteilt und die Gruppen voll hatten.

Es war eine Katastrophe.

Ich bekam Panik. In drei Monaten wollte ich wieder in Berlin auf der Matte stehen und meinen neuen Kind-und-Karriere-Spagat anstrengen. Aber das hier sah schwer nach einer programmierten Überdehnung aus. Paul und ich telefonierten und recherchierten den ganzen Tag, um Alternativen zu finden. Mittlerweile war es Oktober. Schließlich hatte ich Glück im Unglück und fand auf den letzten Pfiff zwei Krippenplätze in einer Tagesstätte, die nicht in unserem Quartier lag, aber in sechs Minuten Auto-Entfernung zu erreichen war. Leipzig war so wunderbar klein im Vergleich zu Berlin. Das war mitunter lästig, in diesem Fall aber perfekt: Einen Riesengarten gab es da und eine staatlich anerkannte Betreuung, die nicht ausfallen würde, nur weil eine Erzieherin mal krank war. Ab Januar könnten wir die Kinder eingewöhnen, darum verschob ich meine Rückkehr in den Job schweren Herzens um einen Monat nach hinten.

Ich fuhr nach Berlin, um mit dem Büroleiter über meine Beschäftigung für den Rest der Elternzeit zu verhandeln, das hieß, über das kommende knappe Jahr. Ich sprach mit jenem Mann, der mich umarmt hatte, als ich ihm von meiner Schwangerschaft erzählte. Ich machte ihm einen Vorschlag, den ich mit Kollegen und Freunden zuvor besprochen hatte und den jeder perfekt fand: Die maximale Dreißig-Stunden-Zahl der Elternzeitregelung ausschöpfen, auf vier Werktage verteilen und einen dieser vier Tage von Leipzig aus arbeiten, Dienstreisen und Sonntagsdienste würde ich leisten nach Bedarf, genau wie früher.

Journalisten eines Wochenmagazins verbringen viele Stunden recherchierend am Telefon, müssen viel lesen und können überall schreiben, solange sie ein Laptop und Strom haben. In Hamburg war es normal, dass wir unsere Texte zu Hause schrieben. Mein Vorschlag wäre darum leicht umsetzbar gewesen. Da ich nach meiner Arbeit dürstete, für meinen Ehrgeiz bekannt war (dachte ich) und ein hübsches Portfolio aus fünfzehn Berufsjahren aufweisen konnte, konnte ich nicht ahnen, dass mein Vorgesetzter derart feindselig auf meinen Vorschlag reagieren würde. Doch so kam es. Ich hatte kaum ausgeredet, da beschied mir der Mann schroff: „Nein, so geht das überhaupt nicht, vielleicht suchst du dir besser etwas in deiner Nähe."

Da hat man doch gleich richtig Freude am Leben!

Ich konnte ein paar Sachen nicht wissen, zum Beispiel, dass dem Mann sein Job zum Halse heraushing. Er hatte sich in dem Jahr, während ich weg war, dauernd mit der Hamburger Zentrale um Texte und Themen streiten müssen. Zweitens, in der Hauptredaktion des Magazins hatten viele Mütter und Väter in den Jahren zuvor individuelle Verträge nach der Geburt ihrer Kinder ausgehandelt – leider kosteten so manche das Entgegenkommen allzu gründlich aus. Was mich betraf, einen neuen Fall von Mutter mit Karriere, sollte nun Schluss mit lustig sein. So verkaufte mir nachher der Chefredakteur das Ganze jedenfalls: „Wir machen *so etwas* nicht mehr." Was auch immer „so etwas" meinte.

Das geschah ungefähr zu jener Zeit, als das Magazin eine schöne Geschichte über berufstätige Mütter auf der Titelseite platziert hatte. Sie hieß: „Die Teilzeit-Falle." Ich sprang gerade voll hinein, mit Anlauf sozusagen: Eine Frau mit zwei Babys, die weder laufen noch sprechen konnten, und mit einem selbstständigen Ehemann, der vierzig Angestellte und seinerseits eine Fünfzig-Stunden-Woche hatte, sollte jetzt beweisen, dass sie entweder den Spagat sofort und perfekt hinlegt und sich bloß nichts anmerken lässt – oder sie sollte eben von sich aus die Brocken hinwerfen. Es war nicht böse gemeint. Es war schlimmer: Sie machten sich keine Gedanken.

Betriebsräte waren erschrocken über den Umgang mit mir, ein paar Redaktionsbeiräte zeigten sich empört, befreundete Kollegen wütend. Ich war nur enttäuscht. Und das auch nur kurz. Ich ließ mich nicht abschrecken. In der Sekunde, als das Gespräch diese unerfreuliche Wendung nahm, sagte ich zu meinem Büroleiter nur: „Nein, Rudi, ich suche mir ganz bestimmt nichts in meiner Nähe. Ich bin Redakteurin in diesem Magazin und das nicht, weil ich den Job zufällig im Lotto gewonnen habe."

Da man in der männlichen Führungsriege offenbar nicht zu wissen schien, dass sich auch eine Frau wahnsinnig nach ihrem Beruf sehnen konnte, weil die Windelscheißer zu Hause sie schlicht unterforderten, rechneten sie nicht mit meiner Zähigkeit. Ich hatte mein ganzes Wickelvolontariat über Kraft gesammelt. Darum blieb ich trotz des Affronts gut gelaunt. Ich hatte Ideen und wollte sie umsetzen. Für mich war ich naturgemäß derselbe Journalist wie vorher.

Wir einigten uns auf eine Vier-Tage-Woche in Berlin – und dass ich „nach Absprache" einen Tag pro Woche zu Hause arbeiten könnte. Ich kaufte mir eine „BahnCard 100" meines Lieblingstransportunternehmens; sie allein kostete uns als Familie zwei meiner Nettogehälter. Gleichzeitig sank mein Jahresgehalt um ein Fünftel brutto, da ich verkürzt arbeitete. Immerhin tat mir die Bahn AG im Gegenzug den Gefallen, den Zugtakt Leipzig-Berlin auf eine Stunde zu verdichten, und sie senkte die Fahrtdauer dieser Strecke von zwei Stunden auf siebzig Minuten.

Zurück im Job wurde ich auf jedem zweiten Recherchetermin, an den sich ein semi-privates Geplänkel anschloss und jemand herausfand, dass ich einjährige Zwillinge hatte, staunend gefragt: „Und was machen Sie in dieser Zeit mit Ihren Kindern?" Gemeint war von den Interviewpartnern stets die Zeit, in der ich meiner Arbeit nachging, so wie sie selbst auch. Bis dahin hatte ich gedacht, dass derartige Fragen aus Männermündern westdeutsche Emanzen-Märchen waren. Offenbar war dem nicht so. Ich legte mir darum folgende Standardantwort zurecht: „Unsere Kinder sperren wir tagsüber immer in einen Käfig, aber nicht ohne ihnen morgens ein Stück Fleisch hineinzuwerfen. Gott sei Dank haben sie schon Zähne."

Unsere Töchter waren jeden Wochentag sieben Stunden in der Krippe, Paul brachte sie an vier Tagen der Woche morgens hin. An drei Tagen holte unsere Kinderfrau sie nachmittags ab und hütete sie, bis einer von uns nach Hause kam. Das war frühestens gegen halb sieben am Abend. An meinem freien Tag übernahm ich das Hinbringen und Abholen. Ich verließ das Haus vor halb acht und kam nach zwölf, manchmal schon elf Stunden wieder und wenn ich auf Dienstreisen war, nach zwei oder drei Tagen. Das klingt strukturiert, das war es auch. Aber natürlich brachte jeder Infekt der Kinder, jede Unzuverlässigkeit der Kinderfrau, jede meiner Ad-Hoc-

Dienstreisen unser Modell an die Grenzen seiner Leistungsfähigkeit.

Einmal konnten wir Hanni nicht erreichen, unsere damalige Nanny. Hanni war 39, geschieden, hatte einen fünfzehn-
jährigen Sohn und sich bis dahin als zuverlässig und herzlich
erwiesen. Aber nun war sie einfach mal: weg. Ich plante die
halbe Woche in Hessen zu recherchieren, alles war verabredet. Aber sie ging nicht ans Telefon, nicht ans Handy, zu keiner Tageszeit. Paul musste komplett einspringen und ihren
Job übernehmen für diese Woche. Wir standen Kopf.

Nach zwei Tagen, ich war in Wiesbaden unterwegs, bekam ich endlich die verräucherte Stimme von Hannis Mutter
in die Leitung. Sie sagte, ihre Tochter sei wohl krank, sie
würde sich sicher noch melden. Die ältere Frau klang, als
lüge sie wie gedruckt. Ich flog Freitag wie geplant von Frankfurt nach Leipzig zurück – und traute im Zubringerbus zur
Boeing 737 meinen Augen nicht: Hanni stieg ein, gewandet in
leichtes Sommerleinen. Die Dame hatte Urlaub gemacht!
Ohne Ansage! Sie sah mich nicht, sie rechnete nicht mit mir,
sie wähnte mich ja in Berlin.

Ich duckte mich in meinen Flugzeugsitz und schrieb Paul
eine SMS: „Du glaubst nicht, wer ..." Und so weiter. Er simste
in Rekordgeschwindigkeit zurück: „Unfassbar, dieses Mist-
stück ..." Und so weiter. Ich merkte irgendwann aus den Au-
genwinkeln, dass sie mich entdeckt hatte – aber sie kam nicht
auf mich zu. Hanni hoffte, ich würde sie bis zum Schluss
nicht sehen: eine korpulente Frau in hellem flatternden Lei-
nen bei kaltem Novemberwetter zwischen lauter Männern
und Frauen im schwarz-grauen Businesslook.

Natürlich warfen wir sie hinaus. Natürlich fragten wir
uns, in welchen Dingen sie uns noch belogen hatte. Unsere
Kinder konnten noch nicht sprechen und uns sagen, ob sie
sich wirklich gut kümmerte. Natürlich machte uns das Angst.

Natürlich würden wir wieder jemand Vertrauen schenken müssen, wollten wir beide unserer Arbeit nachgehen. Erst im dritten Anlauf fanden wir eine wahre Perle.

Mein Büroleiter wurde, als ich erst einmal wieder da war, schnell wieder freundlich und verbindlich. Er unterstützte mich und legte mir keine Steine in den Weg. Er verschonte mich sogar, ungebeten, mit allzu vielen Wochenenddiensten. Nur leider blieb er nicht mehr lange Chef. Er suchte sich nichts in seiner Nähe, sondern ließ sich innerhalb des Hauses wegloben. Für ihn änderte sich nicht mal das Büro, aber für uns als Team alles. Sein Nachfolger wurde ein Kollege aus unserer Mitte, den ich zuvor kennengelernt hatte als jemanden, der ungern half und sogar die Handynummer eines Parteipressesprechers hütete, als sei sie ein Staatsgeheimnis. Die Stimmung kippte. Nach zwei Jahren unter seiner Führung verließen großartige Kollegen das Büro und zogen nach Hamburg, andere erkämpften sich einen Sonderstatus, der sie unabhängig von seinen Entscheidungen machte. Das Plus-Minus stimmte schon bald nicht mehr, und zu Hause funktionierten wir nur noch.

Wir stellten uns als Paar während dieser zweieinhalb Jahre immer häufiger die Frage, wo wir beide blieben, Paul und ich, ob es das noch lohnt, hier leben und da arbeiten. Wofür tat man das noch gleich? Für einen guten Job, der gutes Geld bringt und einem gute Laune macht und damit das Leben lebenswerter? Meine Dreißig-Stunden-Woche hatte längst 38 Arbeitsstunden und mehr – plus zehn Stunden Fahrtzeit, bei deutlich weniger Verdienst, aber deutlich höheren Kosten. Meine Reportagen wurden mal veröffentlicht, mal nicht, nach undurchsichtigen Kriterien. Textchefs lobten sie, Ressortleiter verhinderten sie. Und Kollegen beschlich das Gefühl, man wolle mich zermürben. Ich wehrte ihre Gedanken ab. Das konnte nicht passieren, nicht mir!

Die Kinder lernten laufen – ich bemühte mich, in ihrem Leben auf dem Laufenden zu bleiben. Sie lernten sprechen und Witze machen und zu reimen und zu singen. Ich lernte, dass größere Kinder mehr Spaß machen und man sie noch mehr vermisst. Aber ich gab nicht auf, ich rang unentwegt darum, im Beruf wieder so geachtet zu werden wie vor der Geburt. Ab irgendeinem Zeitpunkt nahm es die Züge eines lautlosen, unfairen Kampfes an. Und ich spürte immer deutlicher, dass ich ihn nur verlieren konnte.

War es das wert? Ging es nur darum, dazuzugehören? Irgendwo fest zu sitzen? Geld und gut? Aber da brach der Markt erneut ein. Medienkrise, die zweite. Journale wurden eingestellt, die Straßen von Berlin, Hamburg und München und Köln waren wieder überschwemmt mit hungrigen Reportern. Aus Paris, Moskau, New York, aus München und Hamburg schickten mir befreundete Kollegen Mails, die alle denselben Tenor hatten: „Take the money and shut up!"

Ich riss mich zusammen. Paul riss sich zusammen. Mit zwei Kindern geht es nicht nur ums Selbstverwirklichen. Es geht ums Abendbrot, die Winterjacken Größe 104, die Rate fürs Haus. Wir wollten nicht erpressbar sein, aber eine Zeitlang waren wir es. Wir probierten die Taktik des Klappehaltens und klaglosen Schaffens. Aber ich war nicht Journalistin geworden, um zu schweigen, wenn es ungerecht zuging. Und was nützte meinem Kind die neue Winterjacke, wenn ich sie ihm morgens nie selbst anziehen konnte?

Paul und ich waren im Minus gelandet, verdammt tief im Minus. Wir wollten wieder ins Plus, dringend, schnell, bald, jetzt. Wir hatten genug überlegt, abgewogen, gezögert. Ich drängte im Verlag auf Gespräche. Wir machten der Sache ein Ende. Und daraus ein Happy End für uns als Paar.

Und jetzt bin ich da. Ich bin DA! Ich arbeite, wo ich wohne und wohne, wo ich arbeite, wo meine Kinder in den Kindergarten gehen, wo meine neuen Freunde leben. Wo Paul ist. Ich habe heute von zu Hause bis in mein Büro sechs Minuten gebraucht. Das ist irre. Wenn ich reise, dann um zu recherchieren, und wenn ich nach Berlin fahre, dann um mich zu vergnügen. Ich habe dafür meinen festen Job aufgegeben. Es kommt mir trotzdem vor wie ein Geschenk.

Jetzt muss ich los. Ich treffe Paul zum Mittagessen. Wir müssen besprechen, was wir Helene zur Hochzeit schenken. Sie heiratet in vier Wochen den Londoner.